Ethologische Studien   Studies in Ethology   Etudes Ethologiques

Herausgeber Wolfgang Wickler

Dikdik und Elefanten

Hubert und Ursula Hendrichs

Dikdik und Elefanten

Ökologie und Soziologie zweier afrikanischer Huftiere

R. Piper & Co. Verlag München

ISBN 3-492-01883-1
Titelnummer 1883

Gesamtherstellung Clausen & Bosse, Leck
Umschlag Gerhard M. Hotop
Gesetzt aus der Garamond-Antiqua
Printed in Germany

Inhalt

Vorwort des Herausgebers

Für Zoologen, Soziologen und Psychologen gleichermaßen von hohem Interesse sind die in freier Natur vorkommenden Sozialsysteme der Wirbeltiere. Gesichertes Wissen davon beginnt sich jedoch erst in jüngster Zeit anzusammeln. Eine ungestörte Säugetierfauna findet man heute vor allem noch in den Nationalparks. Da die überseeischen, speziell die afrikanischen Nationalparks Hauptreiseziele für jährlich Hunderttausende von Touristen geworden sind, ist ihre Erhaltung wohl vorerst sichergestellt. Längerfristige Studien an Wildtieren werden dadurch möglich; sie werden aber auch nötig, weil viele – namentlich große – Tiere für die Parkverwaltung als Touristenattraktionen eine wichtige Rolle spielen. Hier haben Regierungen und Wissenschaft gemeinsame Interessen; und die Ergebnisse der Forschung finden gerade in den Touristen ein besonders aufgeschlossenes Publikum.
Dr. Hubert Hendrichs und seine Frau, Dr. Ursula Hendrichs, haben im Auftrag des Max-Planck-Institutes für Verhaltensphysiologie in der Serengeti (Ostafrika) zwei extrem verschiedene Huftiere untersucht: einmal das Dikdik, eine nur knapp über hasengroße wenige Pfund schwere Antilope, die versteckt in festen Paaren kleine Reviere bewohnt; zum anderen den fast 4 m hohen und 7000 kg schweren Elefanten, der in Gruppen und Verbänden wechselnder Zusammensetzung weit umherstreift. Die Dikdik haben viele Feinde und Konkurrenten, der Elefant ist, wohin er kommt, die dominante Tierart. Jedes Dikdik-Paar markiert und sichert sein Territorium gegen die Nachbarn; jeder männliche Elefant hat in seiner Gruppe – entsprechend seinen Fähigkeiten und seinem Temperament – besondere soziale Aufgaben.
Für solche Freilandarbeit muß man nicht nur die Tiere individuell kennenlernen, sondern auch Geländekarten anfertigen sowie Pflanzen sammeln und bestimmen, um z. B. anzugeben, was die Tiere aus welchem Angebot fressen. Wieviel Geduld und Ausdauer es braucht, zu Fuß einer Elefantengruppe zu folgen, ohne sie zu stören, oder nächtelang die Dikdik durchs Fernglas zu beobachten, sei hier nur am Rande erwähnt: es ist unter anderen ein wichtiger Grund dafür, daß man bisher so wenig über das Sozialleben der höheren Säugetiere weiß.

Freilanduntersuchungen zur Ökologie und Ethologie der Zwerg-Antilope Madoqua (Rhynchotragus) kirki (Günther, 1880)

Von Hubert und Ursula Hendrichs

Aus dem Serengeti Research Institute Seronera (Beitrags-Nr. 79) und dem Max-Planck-Institut für Verhaltensphysiologie Seewiesen

A. Einleitung

Systematische Freilanduntersuchungen an Zwergantilopen liegen, soweit wir wissen, nicht vor. Die Ökologie und das Verhalten dieser Antilopen aus den Tribus *Cephalophini* und *Neotragini* sind in zweierlei Hinsicht von besonderem Interesse. Einmal lassen die bisherigen Gelegenheitsbeobachtungen im Freiland und Gefangenschaftsbeobachtungen (Schriften s. u.) vermuten, daß die meisten der 30 Arten[1] einzeln oder paarweise in Dauerrevieren leben, eine Sozialform, die sich bei den anderen Boviden nur höchst selten, im strengen Sinne vielleicht überhaupt nicht findet. Zum anderen gibt es Zwergantilopen nur in Afrika südlich der Sahara. Ihre ökologische Lebensform als kleine hochbeinige Buschschlüpfer, die vorwiegend Laub äsen, wird in anderen Erdteilen von Tieren aus anderen Familien – *Dinomyidae* und *Caviidae (Dasyproctinae, Dolichotinae, Cuniculinae)* in Süd- und Mittelamerika, *Tragulidae* in Asien und Afrika, *Cervidae* in Asien, Süd- und Mittelamerika und *Macropodidae* in Australien – wahrgenommen. Die Untersuchung der ethologischen und ökologischen Anpassungen dieser Tiere aus verschiedenen Ordnungen an ähnliche Lebensbedingungen verspricht interessante Einsichten in Entstehungsweise und Funktion dieser Anpassungen.

Leider sind alle diese Tiere im Freiland schwer zu beobachten. Sie leben im dichten Unterholz, haben viele Raubfeinde und sind deshalb sehr scheu; vielfach sind sie außerdem nachtaktiv. Die ökologischen und sozialen Systeme (Revier- und Paarbindung) müssen aber im Freiland untersucht werden; erst dann kann man die Verhaltensweisen, mit denen diese Systeme verwirklicht werden, auch an gefangenen oder zahmen Tieren weiter analysieren. Solange man jedoch ihre Lebensweise und ihre Bedürfnisse im Freiland noch nicht einmal ungefähr kennt, ist die Gefangenschaftshaltung nicht leicht, und Gefangenschaftsbeobachtungen sind schwierig zu deuten.

1 Der folgenden 8 Gattungen (nach Ansell 1968, Anzahl der Arten in Klammern): *Cephalophini: Sylvicapra* (1), *Cephalophus* (15). *Neotragini: Oreotragus* (1), *Dorcotragus* (1), *Madoqua* (5), *Raphicerus* (3), *Neotragus* (3), *Ourebia* (1).

In Ostafrika leben Zwergantilopen aus allen Gattungen. Ursprünglich wollten wir einige ethologische und ökologische Strukturen vergleichend untersuchen; das Beobachten erwies sich jedoch als so schwierig – neben den oben erwähnten Gründen auch durch die weit voneinander entfernten Gebiete –, daß wir uns, als wir eine Population verhältnismäßig zahmer Dikdik in gut zugänglichem Gebiet fanden, auf diese konzentrierten und andere Zwergantilopen nur am Rande mitbeobachteten.

Dikdik – die Zwergantilopen der Gattung *Madoqua* – leben in Nordost-, Ost- und Südwestafrika (s. Abschn. C). Als erste Art der Gattung wurde die nördlichste, *Madoqua saltiana*, 1816 von Desmarest als *Neotragus saltiana* aus dem Gebiet von Kassala beschrieben. Der Name Dikdik stammt aus der Kassalasprache (Lydekker 1926) und wurde wahrscheinlich dem pfeifenden Warnlaut der Tiere nachgebildet. Der Gattungsname *Madoqua* wurde 1836 von Ogilby eingeführt. Die weiteren Arten wurden erst nach 1880 von Günther (1880) und Thomas (1894) beschrieben. Neumann (1905) unterteilte die Gattung *Madoqua* in die Untergattungen *Madoqua* und *Rhynchotragus* (s. Abschn. C). Drake-Brockman (1911), Roosevelt und Heller (1922) und Hollister (1924) sammelten und untersuchten ostafrikanische Dikdik. 1930 faßte Drake-Brockman das damalige Wissen über Verbreitung und systematische Gliederung der Gattung *Madoqua* zusammen. Damit war die Periode des Sammelns und Beschreibens von Unterarten zunächst einmal abgeschlossen.

In den letzten Jahren sammelten Simonetta und Azzaroli Dikdik in Somaliland. Sie wollen die Gattung systematisch neu bearbeiten. Ansell (1968) gibt die bis dahin gültige systematische Gliederung der Gattung (s. Abschn. C).

Im Gegensatz zu den meisten anderen Kleinantilopen gibt es für Dikdik – und zwar für die von uns beobachtete Art – wichtige biologische Daten: von 1948 bis 1950 untersuchte Kellas (1955) über 400 Kirkdikdik (s. Abschn. C), die im Gebiet von Old Shinyanga (3° 33′ südl. Br., 33° 25′ östl. L.) – weniger als 250 km von unserem Beobachtungsgebiet entfernt – erlegt wurden, vor allem im Hinblick auf die Fortpflanzungsbiologie. Drake-Brockman (1911) sammelte und beobachtete Dikdik auf der Somalihalbinsel. Er vermutete schon damals, daß Dikdik paarweise in festen Revieren leben und von Wasser unabhängig sind. Ebenso teilt Simonetta (1966) Freilandbeobachtungen von seinen Sammelexpeditionen in Somalia mit. Vor allem aber gelang es ihm, Tiere der Art *Madoqua phillipsi* in Gefangenschaft zu halten und zu züchten. Dabei konnte er wertvolle Beobachtungen, vor allem bei der Paarung und bei der Aufzucht der Jungen, machen. Kurt (1964) teilt Beobachtungen zur Dichte der Dikdik in Ostabessinien mit. Ziegler-Simon (1957) hielt ein zahmes Paar Kirkdikdik aus Tanzania und beschrieb sorgfältig einige Verhaltensweisen. Vor einigen Jahren gelang es im Zoo Hannover, Kirkdikdik zu züchten. Dittrich (1967) teilt neben wertvollen Einzelbeobachtungen genaue Entwicklungsdaten der im Zoo gesetzten Kitze mit. Walther (1968) vermutet auf Grund seiner Beobachtungen in Ostafrika, daß alle Dikdik paarweise in Revieren leben, jahrelang oder sogar zeitlebens. Bei Beobachtungen am Kirkdikdik im Serengetigebiet stellte er fest, daß Kotplätze vorzugsweise an den Reviergrenzen liegen[2].

2 Nach Fertigstellung des Manuskripts erschien die Arbeit von Tinley (1969), der ausführlich die ökologischen Lebensbedingungen des Damaradikdik analysiert und sie mit denen anderer Zwergantilopen Südwestafrikas vergleicht. Diese ökologischen Daten stellen interessante Vergleichswerte für die vorliegende Untersuchung dar. Tinley teilt auch Verhaltensbeobachtungen (zum Paarungsverhalten, den Lauten, der Benutzung eines gemeinsamen Dungplatzes und dem Absetzen von Voraugendrüsensekret) mit, führte jedoch keine systematischen Untersuchungen zu diesen Fragen durch. Er hält es nach seinen Beobachtungen für möglich, daß (in der Hauptpaarungszeit?) ein Revier verteidigt wird (a. a. O., S. 21).

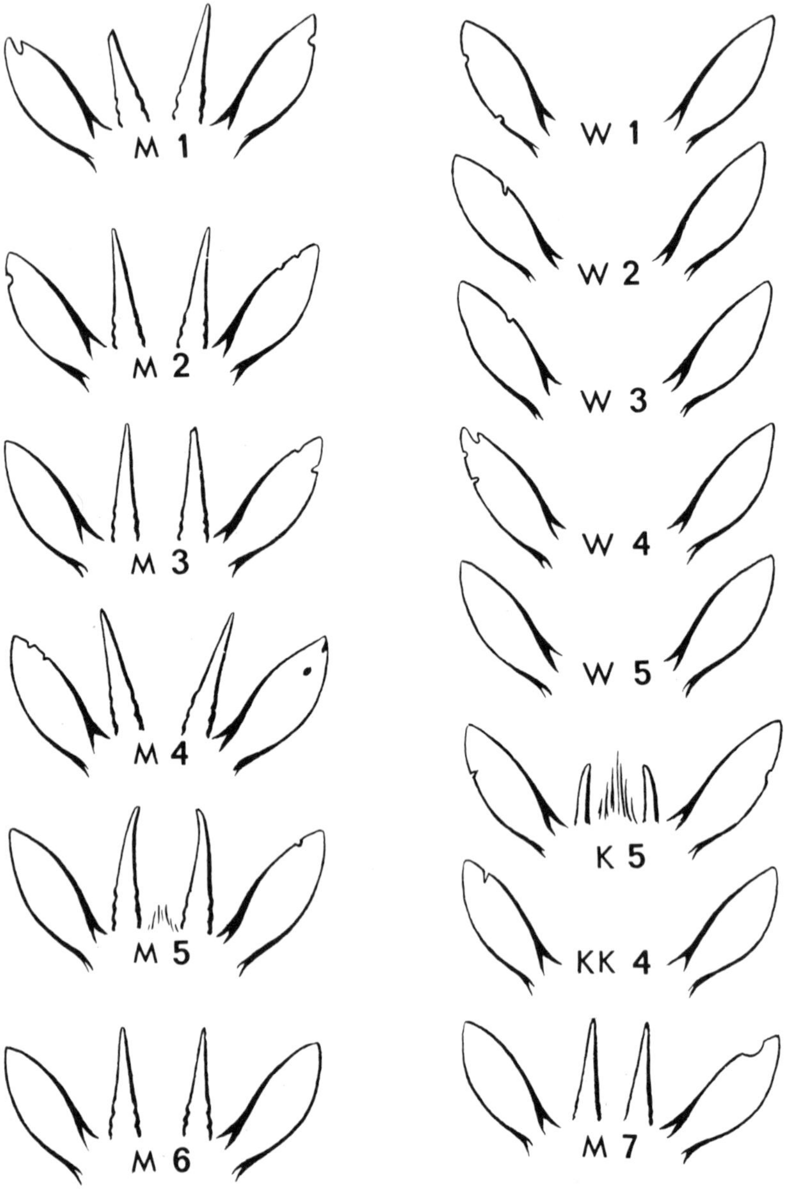

Abb. 1 Ohren und Hörner individuell bekannter Dikdik. (M: adultes ♂, W: adultes ♀, K: Kitz, KK: Kleinkitz)

B. Arbeitsmethoden

Von Juli 1968 (H. H. seit Februar 1967) bis Mai 1969 beobachteten wir Dikdik im Gebiet des Serengeti National Parks (SNP) in Tanzania[3].
12 Dikdik, die in einem Gebiet von ca. 30 ha leben, wurden für eine eingehende Untersuchung ausgewählt. Sie waren durch charakteristische Kennzeichen, besonders an Hörnern und Ohren, natürlich markiert und somit individuell erkennbar (s. Abb. 1, vgl. Abb. 2). Im Vergleich mit Dikdik in anderen Gegenden waren sie wenig scheu. Sie duldeten tagsüber und nachts ein Heranfahren im Geländewagen auf 10 bis 20 m. Auf diese Entfernung sind die kennzeichnenden Merkmale der Individuen mit einem zwölffachen Glas leicht festzustellen, auch nachts im Licht der Scheinwerfer. Wenn man einmal weiß, um welche Individuen es sich handelt, sind die Tiere bis auf 50 m zu unterscheiden, selbst bei Mondlicht, da sie paarweise, vielfach mit einem kleineren Jungtier, leben und nur das ♂ Hörner hat.
Wir beobachteten die Tiere aus 20 bis 50 m Entfernung mit einem zwölffachen Glas. Das Verhalten wurde fortlaufend im Feld in Notizheften aufgezeichnet und anschließend in Protokollbücher eingetragen. Aufnahmen wurden mit einer Spiegelreflexkamera Edixa-Flex (Normaloptik 50 mm und Teleoptik 150 mm Brennweite) gemacht. Ein Infrarot-Nachtsichtgerät wurde ausprobiert. Sichtweite und -feld waren jedoch für unsere Beobachtungen zu gering.
Während dieser Untersuchung beobachteten wir auch die Elefanten im Gebiet des SNP (s. S. 77 ff.). In den Zeiten, in denen Elefanten in leicht zugänglichen Gebieten standen, wurde die Dikdik-Arbeit zurückgestellt.
Die Pflanzen, von denen wir die Tiere äsen sahen, sammelten wir und be-

3 Die Untersuchungen wurden vom Max-Planck-Institut für Verhaltensphysiologie, Seewiesen, finanziert. Für die Anregung zum Thema danken wir Herrn Priv. Doz. Dr. W. Wickler, für die graphischen Darstellungen Herrn H. Kacher, für die Erlaubnis, im Nationalpark zu beobachten, dem Direktor der Tanzania National Parks und dem Direktor des Serengeti Research Institutes für vielfache Unterstützung.

Abb. 2 Drei der individuell bekannten Dikdik der Soit ol Modison Kopjes (März 1969). a: M_1

b: M_3

stimmten sie nach dem Herbarium des Serengeti Research Institutes mit Hilfe von H. Braun. Da es noch keine detaillierten Karten des Beobachtungsgebiets gibt, wurden Luftaufnahmen davon gemacht. Deutlich begrenzte Strecken auf diesen wurden im Gelände vermessen. So konnte der ungefähre Maßstab der Aufnahmen bestimmt werden. Mit Hilfe der nach diesen Luftbildern angefertigten Karten ließen sich Reviergrößen und von den Tieren zurückgelegte Strecken ermitteln.

c: W_3

Um die Information, die Dungplätze für Verbreitung und Dichte der Dikdik bieten (s. S. 40), nützen zu können, ist es erforderlich, ihre Losung von der anderer Kleinantilopen sicher unterscheiden zu lernen. Daher wurden Dungproben von anderen Kleinantilopen und Jungtieren größerer Antilopen gesammelt und mit Dikdiklosung verglichen.

Einige Gebiete wurden mit einer Kette von Leuten abgesucht und alle gefundenen Dikdik-Dungplätze in Karten eingetragen.

Zur Analyse des Kotverhaltens im Zusammenhang mit der Reviermarkierung legten wir in einigen Revieren Kot anderer Dikdikböcke (Reviernachbarn und Fremder) aus und verfolgten das Verhalten der Revierinhaber über einige Wochen.

Andere Kleinantilopen des Beobachtungsgebietes – Klippspringer (*Oreotragus oreotragus*), Steenbok (*Raphicerus campestris*) und Kronenducker (*Sylvicapra grammia*) – beobachteten wir zum Vergleich gelegentlich. Dikdik wurden kurz auch in anderen Gebieten Tanzanias und Kenyas gesehen. Einige von Kraftwagen überfahrene Tiere wurden gewogen, gemessen und im Hinblick auf Morphologie, Anatomie und Schmackhaftigkeit untersucht.

Für das engere Beobachtungsgebiet, die Soit ol Modison Kopjes, bestimmten wir die Anzahl der mit den Dikdik zusammenlebenden herbivoren Säugetiere: die größeren Tiere, von Hase (*Lepus sp.*) und Schliefer (*Heterohyrax syriacus* und *Procavia johnstoni*) an aufwärts, wurden gezählt, die kleineren (Nager) wurden in 18 Fallen gefangen, markiert und wieder freigelassen. Von dem Verhältnis der Wiederfänge zu den Neufängen wurde auf die Gesamtzahl geschlossen.

C. Systematik und Verbreitung der Gattung Madoqua

Dikdik leben in Halbwüsten und trockenem Buschland. In ihrem Biotop sind sie die kleinsten Boviden. Sie wiegen, je nach Art, zwischen 2,5 und 7 kg, messen an der Schulter zwischen 35 und 45 cm und an der Hinterhand bis 50 cm. Schwanz und Afterklauen sind vorhanden, aber sehr klein. (Detaillierte Maßangaben finden sich bei den Erstbeschreibern und bei Roosevelt und Heller 1922; Hollister 1924; Drake-Brockman 1930; Kellas 1955 und Sachs 1967.) Die ♂♂ haben Hornspieße, mehr oder weniger auseinanderstrebend, die Spitzen meist etwas nach vorn oder innen gebogen, die untere Hälfte stets geringelt; bei einem Basisumfang bis zu 4,5 cm können die Hörner bis 11 cm lang werden (Haltenorth 1956). Die ♀♀ sind hornlos, haben zwei Paar Zitzen und werden etwas größer als die ♂♂.

Die Angehörigen der Gattung *Madoqua* sind gekennzeichnet durch den Besitz von Interdigital- und Präorbitaldrüsen, den Haarschopf zwischen den Ohren und vor allem durch die behaarte rüsselartig verlängerte Oberlippe (anatomisch durch die damit zusammenhängenden kurzen Nasalia und langen Praemaxillae). Sie sind auch im Feld leicht von den 5 anderen Gattungen (*Oreotragus, Dorcotragus, Raphicerus, Ourebia* und *Neotragus*) zu unterscheiden, mit denen sie zum Tribus *Neotragini* der Unterfamilie *Antilopinae*

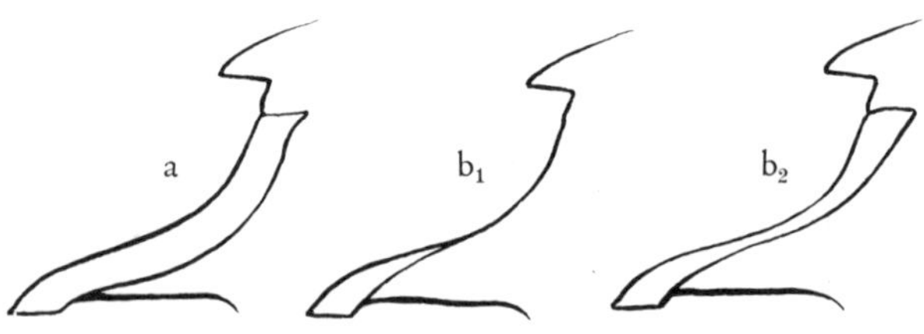

Abb. 3 Praemaxilla bei der Gattung *Madoqua.* (a: Untergattung *Madoqua*, b: Untergattung *Rhynchotragus*: 1. *Madoqua (Rhynchotragus) guentheri*, 2. *Madoqua (Rhynchotragus) kirki*)

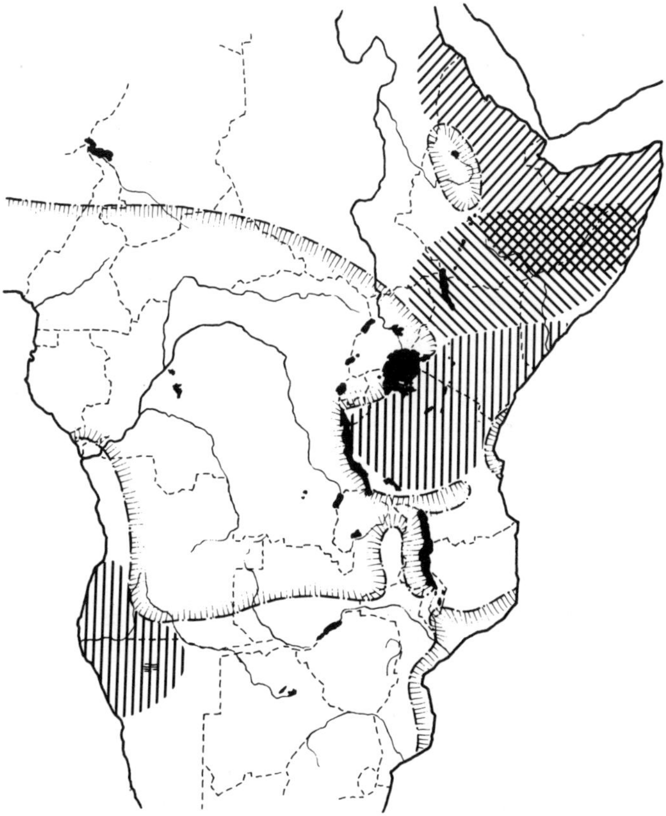

Abb. 4a Die Verbreitung der Gattung *Madoqua*, Ogilby, 1836. (nach den auf S. 21 aufgeführten Autoren; schwarz: die ostafrikanische Seen-Kette, |||||||: Gebiet mit ≦ 100 cm Regen im Jahr, //////: Arten der Untergattung *Madoqua*, \\\\\\ : *Madoqua (Rhynchotragus) guentheri*, |||||||: *Madoqua (Rhynchotragus) kirki*)

zusammengefaßt werden (Simpson 1945, Ansell 1968). Alle Gattungen dieser Unterfamilie – neben den obigen sechs noch *Gazella, Antidorcas* und *Litocranius* – sind sehr deutlich voneinander unterschieden. Sie lassen sich wohl auf gemeinsame Stammformen zurückführen, aber die Fossilfunde sind zu dürftig (vgl. Thenius und Hofer 1960), um Rückschlüsse auf die genauere stammesgeschichtliche Entfaltung, d. h. den Verwandtschaftsgrad der Gattungen, zuzulassen. Mit den Zwergantilopen der Unterfamilie *Cephalophinae*, den Duckern, mit denen sie Haarschopf, Hornspieße, Präorbital- und Interdigitaldrüsen gemeinsam haben und denen sie in Größe und Lebensweise ähneln, sind die Dikdik nur entfernt verwandt.

Die Gattung *Madoqua* wird in die beiden Untergattungen *Madoqua* (Oberlippe nur schwach rüsselartig verlängert, Praemaxilla lang und schwach gebogen (Abb. 3a), der dritte Mandibelmolar zweiteilig) und *Rhynchotragus* (Oberlippe deutlich rüsselartig verlängert, Praemaxilla kurz oder S-förmig gebogen (Abb. 3b), der dritte Mandibelmolar dreiteilig) unterteilt. Zur Untergattung *Madoqua* zählt Ansell (1968): *Madoqua saltiana* (Desmarest, 1816) Saltdikdik (Südostsudan, Eritrea, Ostabessinien); *Madoqua phillipsi* Thomas, 1894 Phillipdikdik (Ostabessinien, Somalia); *Madoqua swaynei* Thomas, 1894 Swaynedikdik (die kleinste Art, Somalia). Sie leben im nördlichen Teil des Verbreitungsgebiets der Gattung. Zur Untergattung *Rhynchotragus* gehören: *Madoqua (Rhynchotragus) guentheri* Thomas, 1894 Güntherdikdik (Praemaxilla kurz, erreicht Nasale nicht, s. Abb. $3b_1$; Südostsudan, Südabessinien, Somalia, Nordkenya, Nordostuganda); *Madoqua*

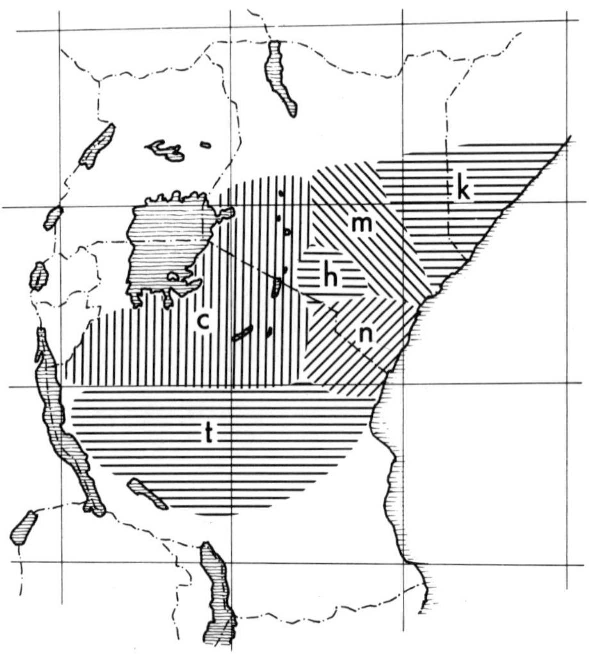

Abb. 4b Die Verbreitung der Unterarten von *Madoqua (Rhynchotragus) kirki* (Günther, 1880). (Wie Abb. 4a nur zur groben Orientierung, detaillierte Verbreitungsangaben liegen nicht vor, für die Dikdik Südwestafrikas vgl. Tinley 1969; am nordwestlichen Rand des Verbreitungsgebietes der Viktoriasee; Unterarten mit dem Anfangsbuchstaben des wissenschaftlichen Unterartnamens gekennzeichnet, vgl. Abschn. C)

(Rhynchotragus) kirki (Günther, 1880) Kirkdikdik (Praemaxilla lang, S-förmig gebogen, erreicht Nasale, s. Abb. $3b_2$; Südsomalia, Südkenya, Tanzania, Südangola, nördliches Südwestafrika). Sie leben im südlichen Teil des Verbreitungsgebietes, vgl. Abb. 4a (Verbreitungsangaben bei Drake-Brockman 1911, 1930; Roosevelt und Heller 1922; Hollister 1924; Lydekker 1926; Swynnerton und Hayman 1951; Haltenorth 1956; Ansell 1968).

Wir beobachteten ausschließlich Kirkdikdik. Es ist die einzige Dikdikart Tanzanias und Südkenyas. Im Norden Kenyas und Somalias, nördlich einer Linie durch die Punkte 01° N, 37° O und 02° N, 45° O (Ansell 1968), schließt sich das Güntherdikdik an; die Verbreitungsgebiete der beiden Arten überschneiden sich nur an wenigen Stellen (Ansell 1968).

In den Interpluvialen erstreckte sich eine Zone trockenen Buschlands von Ostafrika bis nach Südwestafrika, und die Dikdik dehnten ihr Verbreitungsgebiet bis dorthin aus. Als danach der Wald in einer Zunge vom Kongo-Regenwald nach Südosten vordrang, wurden die Dikdik Südwestafrikas abgeschnitten; sie bilden die Unterart *Madoqua (Rhynchotragus) kirki damarensis* (Günther, 1880) Damaradikdik. – Die Dikdik Tanzanias sind nach Südwesten bis zum Rukwa-See verbreitet (Vesey-Fitzgerald 1964); von dort bis zu den nordöstlichsten Damaradikdik sind es mehr als 1500 km.

In unserem Beobachtungsgebiet handelt es sich um *Madoqua (Rhynchotragus) kirki cavendishi* Thomas, 1898, das im ostafrikanischen Einbruchsgraben vom Baringasee im Norden bis südlich des Viktoriasees verbreitet ist (Roosevelt und Heller 1922; Hollister 1924; Ansell 1968). Im Nordosten schließt sich *Madoqua (Rhynchotragus) kirki minor* (Lönnberg, 1912) an, im Osten *Madoqua (Rhynchotragus) kirki hindei* Thomas, 1902, im Südosten *Madoqua (Rhynchotragus) kirki thomasi* (Neumann, 1905), s. Abb. 4b. Im Nordosten, in Somalia und Ostkenya, lebt die ursprünglich beschriebene Form *Madoqua (Rhynchotragus) kirki kirki* (Günther, 1880).

Wir sahen andere Unterarten des Kirkdikdik kurz in Südtanzania und Südostkenya, aber gründlich beobachtet haben wir nur *Madoqua (Rhynchotragus) kirki cavendishi* Thomas, 1898; diese Form ist im folgenden immer mit »Dikdik« gemeint.

D. Ergebnisse

I. Umwelt

a. Beobachtungsgebiet

Das *weitere* Beobachtungsgebiet liegt zwischen Viktoria-, Natron- und Eyasi-See in Ostafrika[4] (s. Abb. 4). Den Mittelpunkt des Gebietes bildet die Serengeti-Steppe, welliges Grasland (mit den Hauptgrasarten: *Themeda, Pennisetum, Sporobolus, Cynodon, Digitaria*), in dem stellenweise Granitinselberge (Erosionsreste, vgl. Turner und Watson 1965) aus dem von den Vulkanen im Osten herangewehten Tuffboden herausragen (Geologie: Pickering 1958, 1959; Böden: Anderson und Talbot 1965). Im Norden und Westen schließt sich offene Dornbuschsavanne (dominante Baumarten: *Acacia, Albizia, Balanites, Rhus, Commiphora, Ficus, Heeria, Lannea, Sclerocarya*) an, von Korongos – in der Trockenzeit austrocknenden Flußläufen – durchzogen und von Mbugas (kleine Grassteppen) und Inselberggebieten unterbrochen. An den großen Flußläufen steht Galeriewald. Über das wellige Gebiet, das 1200 bis 2000 m über dem Meer liegt, ragen einzelne Bergrücken bis 2200 m über dem Meer heraus. Der jährliche Niederschlag steigt von Südosten mit 50 cm und weniger nach Nordwesten bis über 100 cm an. In Gegenden mit mehr als 100 cm Niederschlag finden sich keine Dikdik mehr (vgl. Abb. 4a). Für weitere ökologische Angaben s. S. 88 und Hendrichs 1970.

Zahlreich sind die Dikdik in Gegenden, in denen es viele Aloe- und Sansevieraständе gibt: in Kopjesgebieten im und am Dornbuschland und an Flußufern. Dikdik sind von Wasser unabhängig. Die Flußläufe trocknen in der Trockenzeit meist aus, aber das dichte Unterholz und die Gebüschhorste entlang den Korongos und Flüssen bieten ihnen Futter und Unterschlupf. Wir sahen Dikdik oder Dikdiklosung nie auf Bergrücken oder in höheren Hanglagen, wohl aber auf einer Talsohle in 2000 m Höhe. Drake-Brockman gibt für Dikdik Höhen bis 2000 m an. Swynnerton und Hayman (1951) erwähnen einen (möglichen) Nachweis für Dikdik auf dem Kilimanjaro in über 4000 m Höhe.

4 Für Zeitangaben gilt: Lokalzeit (LZ) – 45′ = Wahre Ortszeit (WOZ).

Abb. 5 Die Soit ol Modison Kopjes. a: Gesamtansicht von Nordwesten

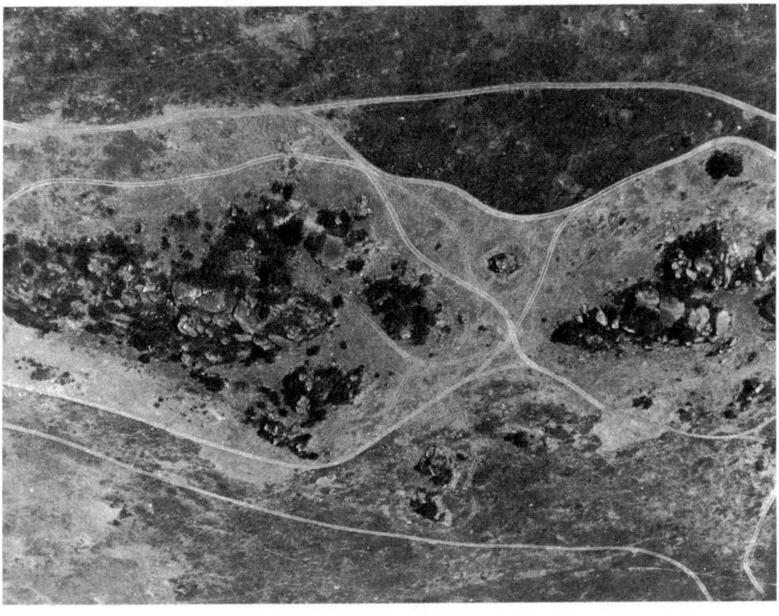

b: Luftaufnahme (aufgenommen von H. Braun, September 1968; Reviergrenze V/I, vgl. Abb. 10; links: Norden, Steppe im Osten der Kopjes verbrannt; ungefährer Maßstab: OW 1 : 4500, NS 1 : 3500)

5c: Kopjesgebüsch (Revier I, links im Vordergrund *Solanum dennekense*, März 1969)

d: Futterpflanzengürtel (Revier V, *Microglossa oblongifolia*, März 1969)

e: Futterpflanzengürtel (Revier IV, Stauden im Vordergrund *Solanum dennekense*, links Bildmitte *Indigofera basiflora*; März 1969)

Das *engere* Untersuchungsgebiet ist eine Inselberggruppe – die Soit ol Modison Kopjes – im *Themeda-*, *Pennisetum*-Langgrasgebiet – die Gräser können mit Fruchtstand über 100 cm hoch werden – am Nordrand der Serengeti-Steppe, 2° 33′ südl. L., 34° 52′ östl. Br. Die Kopjes liegen etwa 1500 m über dem Meer, die höchsten Granitblöcke ragen etwa 30 m über das umliegende wellige Land empor (s. Abb. 5a, b). Das Gebiet wird von dem etwa 2 km entfernten oberen Seronera entwässert. Von November bis Mai fallen jährlich 75 cm Regen. Für die monatliche Verteilung des Regenfalls im 10 km entfernten Seronera s. Tab. 1.

In der Trockenzeit – Juni bis November – gibt es kein Wasser in den Kopjes, und ein beständiger Südostwind trocknet das Land aus; die maximale Windgeschwindigkeit beträgt 140 km / 24 h (Messungen des SRI). Die Temperatur steigt am Tage bis über 30° und fällt vor Sonnenaufgang (gegen 6.45 LZ) manchmal bis auf 10° ab. Steppenbrände vernichten alljährlich die Bodenvegetation in weiten Teilen der Gebiete und hinterlassen für Wochen schwarz verkohlte Flächen.

Die Kopjes sind mit dichtem Gebüsch bestanden (s. Abb. 5c). In dem Gesträuch zwischen den Granitblöcken verbringen die Dikdik den Tag – im Schatten stehend oder sitzend, ruhend oder wiederkauend. Tagsüber nur stundenweise, in der Nacht für länger, verlassen sie die Büsche, um zu äsen. In einem Gürtel um die Kopjes (Abb. 5d, e) wachsen die Hauptfutterpflanzen (s. Tab. 2 u. S. 57) – Kräuter und Stauden – der Dikdik.

Tabelle 1 Die monatliche Niederschlagsmenge in mm in Seronera für die Jahre 1961 bis 1968.

Jahr	Jan.	Febr.	März	Apr.	Mai	Juni
1961	14,7	136,1	228,0	96,2	50,1	27,4
1962	278,7	74,4	49,6	74,9	133,0	69,3
1963	85,2	99,4	75,7	252,1	140,4	14,2
1964	97,1	104,1	104,1	04,6	38,2	51,8
1965	23,6	166,0	51,6	226,6	82,7	00,0
1966	85,2	112,5	76,2	73,5	54,4	04,3
1967	21,6	37,1	112,0	211,9	56,0	34,8
1968	31,0	140,0	122,4	192,7	97,1	69,2

Jahr	Juli	Aug.	Sept.	Okt.	Nov.	Dez.	Insges.
1961	00,0	19,8	37,9	79,8	330,2	147,3	1167,8
1962	00,0	09,7	37,9	87,7	69,8	85,8	950,8
1963	00,0	01,5	01,5	08,2	215,3	137,8	1031,3
1964	40,4	23,0	32,8	19,3	41,9	65,8	623,1
1965	00,0	30,5	11,4	96,7	24,1	85,2	798,4
1966	00,0	40,8	32,5	12,2	31,5	98,2	621,3
1967	22,3	22,3	27,1	34,8	131,8	190,2	901,9
1968	0,3	17,6	28,9	44,3	53,0	146,4	942,9

In dem Gürtel befinden sich, wie im umliegenden Grasland, einige Termitenhügel.

Folgende Pflanzenarten wurden in den Soit ol Modison Kopjes gesammelt:

Acanthaceae: *Blepharis edulis, Dyschoriste radicans;*
Amaranthaceae: *Achyranthes aspera, Celosia anthelmintica;*
Anacardiaceae: *Rhus natalensis, Sclerocarya birrea;*
Boraginaceae: *Cordia ovalis, Heliotropium steudneri;*
Burseraceae: *Commiphora africana, C. trothae;*
Capparidaceae: *Cadaba farinosa, Capparis tomentosa, Maerua triphylla, Thylachium africanum;*
Compositae: *Aspilia mossambicensis, Aster hyssopifolius, Bidens lineariloba, B. schimperi, Emilea coccinea, Erlangea cordifolia, Helichrysum glumaceum, Microglossa oblongifolia, Notonia sp., Vernonia pauciflora, Pluchea dioscoridis, P. monocephala;*
Convolvulaceae: *Evolvulus alsinoides, Ipomoea jaegeri, I. mombassana, I. sp.;*
Crassulaceae: *Kalanchoe sp.;*
Euphorbiaceae: *Acalypha fruticosa, Euphorbia candelabrum, Phyllanthus sepialis;*

Labiatae:	*Coleus caninus, C. sp., Leucas bracteosa, L. martinicensis, L. microphylla, L. neufliseana, Ocimum suave, Orthosiphon parvifolius, Plectranthus sp.;*
Malvaceae:	*Abutilon mauritianum, Hibiscus aponeurus, H. flavifolius, H. lunarifolius, Pavonia patens, Sida cunefolia, S. ovata;*
Mimosaceae:	*Acacia tortilis, A. hockei;*
Moraceae:	*Ficus sonderi;*
Papilionaceae:	*Crotalaria incana, C. laburnifolia, C. spinosa, Glycine javanica, Indigofera basiflora, I. volkensii, I. sp., Rhynchosia minima, Sesbania sesban, Tephrosia minima;*
Rubiaceae:	*Pavetta hochstetteri, Pentanisia ouranogyne;*
Sapindaceae:	*Allophylus rubifolius;*
Scrophulariaceae:	*Craterostigma plantagineum, Rhamphicarpa heuglini;*
Simaroubaceae:	*Balanites aegyptiaca;*
Solanaceae:	*Solanum dennekense, S. incanum, S. nigrum, S. setaceum;*
Sterculiaceae:	*Hermannia uhligi;*
Tiliaceae:	*Grewia bicolor, G. fallax;*
Vitaceae:	*Cissus quadrangularis, C. rotundifolius, Cyphostemma adenocaule, Rhoicissus revoilii;*
Zygophyllaceae:	*Tribulus terrestris.*
Monocotyledoneae	
Commelinaceae:	*Commelina benghalensis, C. sp.;*
Gramineae:	*Aristida adoensis,* (auf Termitenhügeln) *A. keniensis, Bothriochloa insculpta, Cenchrus ciliaris, Chloris pycnothrix, Cymbopogon excavatus, Cynodon dactylon, C. plectostachys, Digitaria macroblephara, Enneapogon elegans, Enteropogon macrostachys, Eragrostis tenuifolia, Eustachys paspaloides, Harpachne schimperi, Heteropogon contortus, Hyparrhenia lintonii, Microchloa kunthii, Panicum maximum, Pennisetum mezianum, P. stramineum, Sporobolus festivus, Sp. fimbriatus, Sp. marginatus, Themeda triandra;*
Liliaceae:	*Aloe sp., Sanseviera sp.*

In anderen Gegenden des weiteren Beobachtungsgebietes sind die Dikdik sehr scheu und schwer zu beobachten. In den Soit ol Modison Kopjes dagegen sind sie ungewöhnlich vertraut. Ihre Vorfahren lebten viele Jahrzehnte zusammen mit den Massai und deren Vieh in den Kopjes. – Um 1850 vertrieben die Massai die Tatoga aus diesem Gebiet. Zuerst wohnte dort nur der Unter-

Tabelle 2 Die wichtigsten Pflanzen in den Soit ol Modison Kopjes und ihre Bedeutung für die Dikdik. N = Nahrung D = Absetzen des Augendrüsensekrets U = Unterschlupf S = Schatten F = Fegen.

Winde	holziges Kraut	Strauch	Succulente
Rhynchosia (N)	Thephrosia (N)	Allophylus	Kalanchoe
Ipomoea	Indigofera (N)	Acalypha	Notonia (N)
Glycine	Aster	Phyllanthus (D)	Aloe
Xyphostema	Helichrysum	Pavetta	Sanseviera
Rhoicissus	Erlangea	Cadaba	
	Hermannia (N)	Capparis	
	Heliotropium	Thylachium	
	Sida	Solanum denne-	
	Dyschoriste (N)	kense (D, N, U, F)	

Kraut	Staude	Baum	Gras
Celosia	Solanum in-	Grewia	Digitaria
Achyranthes (N?)	canum (N)	Rhus (N, U)	Harpachne
Crotalaria (N)	Microglossa (N, U)	Scleroca-	Heteropogon
Leucas	Pluchea (N)	rya	Pennisetum me-
Aspilia (N?)	Hibiscus (N, F)	Balanites	zianum (D)
Emilea	Abutilon	Euphorbia	Sporobolus
Evolvus	Solanum nigrum	Acacia (N, U)	Themeda
Coleus	(D, N)	Ficus (N, S)	Microchloa
Ocimum		Commiphora	Eustachys
Rhamphicarpa			Cynodon
Pentanisia			Chloris (D)
Commelina (N)			Bothriochloa
Vernonia			Aristida
Plectranthus			
Orthosiphon			
Blepharis (N?)			

stamm der Serenget, nach dem die Gegend ihren Namen bekam, aber seit 1930, besonders in den Dürrejahren 1943, 1946, 1949 und 1952 (53) drangen von Norden Loita-, Purko- und Laitayuk-Massai in das Gebiet ein. 1953/54 lebten im Nordwestgebiet der Serengeti-Steppe (Ngare Nanyuki-Oldoinyo Olobaiye) etwa 150 Männer mit 500 Frauen und Kindern und etwa 20 000 Stück Rindvieh, 10 000 Stück Kleinvieh und ca. 500 Eseln (Grant 1954). In den Soit ol Modison Kopjes standen bis 1959, als die Massai aus dem Gebiet des Nationalparks ausgewiesen wurden, ganzjährig zwei Bomas (Kraale), zu Zeiten mehr (mdl. Mitt. von Massai).

Die Massai erlegen keine Dikdik und sind mit ihrem Vieh nachts in den Kraalen. So waren die Dikdik bei ihrem nächtlichen Äsen ungestört; während sie tagsüber in den Gebüschen lagen, gewöhnten sie sich an den Lärm aus den Bomas und den der Herden. Heute liegt die Seronera-Lodge nur 12 km von den Kopjes entfernt, und fast täglich werden Touristen an ihnen vorbeigefahren. Wenn ein Leopard in den Kopjes liegt, stehen für Stunden mehrere Wagen in den Revieren der Dikdik; die Touristen kümmern sich meist nicht um die Dikdik und die Dikdik nicht um die Touristen.

b. Mit-Tiere der Dikdik

Die Wirbeltiere, die mit den Dikdik im Gebiet der Soit ol Modison Kopjes zusammenleben, sind in folgender Übersicht zusammengestellt.
Die mit * gekennzeichneten Arten sind für das Gebiet nachgewiesen (Swynnerton und Hayman 1951, Misonne und Verschuren 1966, Houston 1967, Swynnerton 1958), wurden aber von uns in der Beobachtungszeit nicht festgestellt.

Als *Raubfeinde* erwachsener Tiere wurden im engeren Beobachtungsgebiet der Massai Kopjes (2° 33′ S., 34° 52′ O.) beobachtet[5]: Löwe (*Panthera leo*), Leopard (*Panthera pardus*), Gepard (*Acinonyx jubatus*), Karakal (*Lynx caracal*), Serval (*Leptailurus serval*); Fleckenhyäne (*Crocotta crocuta*); Hyänenhund (*Lycaon pictus*), Schabrackenschakal (*Canis mesomelas*).
Zusätzlich kommen im weiteren Beobachtungsgebiet folgende Raubfeinde vor: Streifenhyäne (*Hyaena hyaena*)*; Goldschakal (*Canis aureus*), Streifenschakal (*Canis adustus*); Zibetkatze (*Civettictis civetta*), Honigdachs (*Mellivora capensis*); Krokodil (*Crocodylus niloticus*).
Zumindest *für Jungtiere gefährlich* sind im engeren Untersuchungsgebiet: Wildkatze (*Felis lybica*); Kleinfleckginsterkatze (*Genetta genetta*); Großes Ichneumon (*Herpestes ichneumon*), Weißschwanzichneumon (*Ichneumia albicauda*); Pavian (*Papio anubis*); Weißkopfgeier (*Trigonoceps occipitalis*), Raub- (Steppen-)adler (*Aquila rapax*), Sekretär (*Sagittarius serpentarius*); Uhu (*Bubo lacteus*); Python (*Python sebae*)*, Schwarzhalskobra (*Naja nigricollis*), Puffotter (*Bitis arietans*).
Im weiteren Beobachtungsgebiet sind es zusätzlich: Zorilla (*Ictonyx striatus*); Großfleckginsterkatze (*Genetta tigrina*); Sumpfichneumon (*Atilax paludinosus*); Gaukler (*Terathopius ecaudatus*), Kriegsadler (*Polemaetus bellicosus*), Verreaux-Adler (*Aquila verreauxi*), Habichtsadler (*Hieraetus spilogaster*); Nilwaran (*Varanus niloticus*); Ägyptische Kobra (*Naja haje*).

Ungefährliche und *nicht futterkonkurrierende Tiere* sind im engeren Untersuchungsgebiet: Löffelhund (*Otocyon megalotis*); Zebramanguste (*Mungos*

5 Für die Namen der Beschreiber der Säugetiere s. Hendrichs 1970.

mungo), Rotichneumon (*Myonax sanguineus*); Erdferkel (*Orycteropus afer*); Lappengeier (*Torgos tracheliotus*), Weißrückengeier (*Pseudogyps africanus*), Griffongeier (*Gyps fulvus*), Kuttengeier (*Necrosyrtes monachus*); Agame (*Agama planiceps*).

Im weiteren Beobachtungsgebiet sind es zusätzlich: Erdwolf (*Proteles cristatus*); Fleckenotter (*Aonyx capensis*)*, Krallenotter (*Lutra maculicollis*), Streifenwiesel (*Poecilogale albinucha*), Zwergichneumon (*Helogale parvula*); Schuppentier (*Manis temmincki*)*; Ägyptischer Geier (*Neophron percnopterus*); Brauner Milan (*Milvus migrans*), Trauerhabicht (*Accipiter melanoleucus*).

Ganzjährige Nahrungskonkurrenten und *Mitbeutetiere* sind im engeren Untersuchungsgebiet:

Klippschliefer (*Procavia johnstoni*), Buschschliefer (*Heterohyrax syriacus*); Topi (*Damaliscus korrigum*), Kongoni (*Alcelaphus buselaphus*), Grantgazelle (*Gazella granti*), Riedbock (*Redunca redunca*); Hase (*Lepus sp.*); Stachelschwein (*Hystrix galatea*); Schläfer (*Graphiurus murinus*), Hamstermaus (*Arvicanthis abyssinicus*), Streifenmaus (*Lemniscomys barbarus*), Vielzitzenmaus (*Mastomys natalensis*), Felsenratte (*Praomys fumatus*), Stachelmaus (*Acomys wilsoni*); Strauß (*Struthio camelus*); Kafferntrappe (*Ardeotis kori*), Senegaltrappe (*Eupodotis senegalensis*); Perlhuhn (*Numida mitrata*); Kleinvögel; Schildkröten (*Testudo sp., Kinyxis sp.*).

Hinzu kommen im weiteren Beobachtungsgebiet: Klippspringer (*Oreotragus oreotragus*), Steenbok (*Raphicerus campestris*), Oribi (*Ourebia ourebia*), Kronenducker (*Sylvicapra grimmia*), Impala (*Aepyceros melampus*), Spießbock (*Oryx gazella*), Pferdeantilope (*Hippotragus equinus*), Bergriedbock (*Redunca fulvorufula*), Wasserbock (*Kobus defassa*), Buschbock (*Tragelaphus scriptus*), Büffel (*Syncerus caffer*); Flußpferd (*Hippopotamus amphibius*), Warzenschwein (*Phacochoerus aethiopicus*), Buschschwein (*Potamochoerus porcus*), Seidenaffe (*Colobus abyssinicus*), Meerkatzen (*Cercopithecus aethiops, C. mitis*), Husarenaffe (*Erythrocebus patas*)*, Galagos (*Galago crassicaudatus, G. senegalensis*); Springhase (*Pedetes caffer*); Buschhörnchen (*Paraxerus ochraceus*), Rohrratte (*Thryonomys swinderianus*); Wurzelratte (*Trachyoryctes sp.*)*, Ohrenratte (*Otomys sp.*)*, Sumpfratte (*Dasymys incomptus*), Sumpfmaus (*Pelomys fallax*)*, Punktemaus (*Lemniscomys striatus*), Striemenmaus (*Rhabdomys pumilio*)*, Buschratte (*Aethomys kaiseri*)*, Baumratte (*Thallomys paedulcus*), Weichhaarratte (*Praomys jacksoni*)*, Zwergmäuse (*Leggada triton, L. minutoides*), Fettmaus (*Steatomys sp.*), Klettermaus (*Dendromus sp.*)*, Breitkopfmaus (*Zelotomys hildegardeae*), Zwergrennmaus (*Gerbillus pusillus*), Rennmaus (*Tatera robusta*).

Zeitweise Nahrungskonkurrenten und *Mitbeutetiere* sind im engeren Untersuchungsgebiet: Zebra (*Equus quagga*); Elen (*Taurotragus oryx*), Gnu (*Connochaetes taurinus*), Thomsongazelle (*Gazella thomsoni*).

Tabelle 3 Die Biomasse der wichtigsten Nahrungskonkurrenten der Dikdik in den Soit ol Modison Kopjes (vgl. Hendrichs 1970).

Art	Anzahl Tiere Soit ol Modison Kopjes (25 ha)	Anzahl Tiere Nordkopje (Revier V) (9 ha)	Populations-durchschnitts-gewicht (kg)	Biomasse Soit ol Modison Kopjes (kg)	(kg/ha)	Biomasse Nordkopje (Revier V) (kg)	(kg/ha)
Klipp-schliefer	80	25	3	240	9,6	75	8,3
Busch-schliefer	50	15	2	100	4,0	30	3,3
Nashorn	0,05		660	33	1,3		
Giraffe	0,1	0,01	750	75	3,0	7,5	0,8
Dikdik	12	3	4	48	1,9	12	1,3
Schläfer	200	100	0,03	6	0,2	3	0,3
Stachelmaus	3000	1000	0,015	45	1,8	15	1,7
Felsratte	600	200	0,03	18	0,7	6	0,7
Streifenmaus, Hamstermaus, Vielzitzenratte	>1000		0,03	30	1,2		
				595	23,7	148,5	16,4

Nur Nahrungskonkurrenten sind im engeren Untersuchungsgebiet: Nashorn (*Diceros bicornis*) und Giraffe (*Giraffa camelopardalis*), im weiteren Beobachtungsgebiet kommt der Elefant (*Loxodonta africana*) hinzu.

Nur Mitbeutetiere (insectivor) sind im weiteren Beobachtungsgebiet: Spitzmäuse (*Crocidura sp., Suncus sp.*), Rüsselspringer (*Elephantulus sp.*); Steifhaarratte (*Lophuromys flavopunctatus*).

Das ganze Jahr über leben in den Kopjes neben den Dikdik Klipp- und Buschschliefer, Schläfer, Streifen- und Stachelmäuse und Felsenratten. Giraffen äsen zeitweise regelmäßig an den Kopjesbüschen. Einzelne Nashörner und Riedböcke stehen für einige Tage in den Kopjes. Die Biomasse dieser Nahrungskonkurrenten ist in Tab. 3 angegeben. Diese Tiere leben zwar alle zumindest zeitweise vom Pflanzenwuchs der Kopjes wie die Dikdik, doch sind die einzelnen Ernährungsnischen so weit gegeneinander verschoben, daß die Nahrungskonkurrenz nicht sehr ins Gewicht fällt. Wichtiger erscheint bei den meisten dieser Tiere die Funktion »Mitbeutetier« (s. u.).

Zwischen den Kopjes und in der umliegenden Steppe stehen das ganze Jahr über einige Trupps Topis, Kongonis und Grantgazellen, leben einige Hasen, Kaffern- und Senegaltrappen, sowie einige Scharen Perlhühner. Einzelne Büffelbullen ziehen manchmal durch die Kopjes hindurch.

Während einer kurzen Zeit des Jahres aber ändert sich das Bild um die Kopjes: zu Beginn der Trockenzeit, im Juni, ziehen Zehntausende Zebras, Gnus und Thomsongazellen auf ihrer Wanderung aus dem Kurzgrasgebiet im Südosten der Serengetisteppe, in dem sie die Regenzeit verbringen, zu ihrem Trockenzeitstandort im Buschland nördlich und westlich der Steppe durch die Kopjes. Auf ihrer gegenläufigen Wanderung nach Süden in die Steppe zu Beginn der kleinen Regenzeit Ende November ziehen diese Tiermassen weiter westlich vorbei, und nur einige Ausläufer streifen die Umgebung der Soit ol Modison Kopjes. Auf dem Rückmarsch ins Buschland aber ziehen sie genau durch das Gebiet. Zuerst tauchen die Zebras auf, ziehen einige Tage in Tausenden an den Kopjes vorbei nach Norden und äsen das in der Regenzeit hochgeschossene Gras. Dann kommen die Gnus zu Zehntausenden (Abb. 6). Wir sahen oft von einer hohen Stelle der Soit ol Modison Kopjes aus über 50 000 Tiere. In langgezogenen Herden von bis zu 10 000 Tieren ziehen sie Tag und Nacht nach Norden, und die Luft ist von ihrem Blöken und ihrem Geruch erfüllt. Zeitweise zerstreuen sich die Herden und äsen. Nach einigen Tagen ist das Gras bis auf Spannhöhe heruntergeäst. Nach dem Durchzug der Gnus ist die Steppe auf einmal erfüllt mit lebhaften, schwanzwedelnden Thomsongazellen, die häufig einige Wochen in dem Gebiet stehen.

Abb. 6 Westlich der Soit ol Modison Kopjes vorbeiziehende Gnuherden. (1969; in diesem Jahr kamen die Gnus ausnahmsweise Anfang April; im Hintergrund der Seronera-Fluß, am Horizont im Süden das Nyaroboroplateau, im Norden Mukoma)

Diese Zeit des Durchzugs der Zebras, Gnus und Thomsongazellen ist für die Dikdik nicht angenehm. Die Nahrungskonkurrenz fällt nicht sehr ins Gewicht, da es sich ausschließlich um Grasfresser handelt; aber im Gefolge der wandernden Tiermassen ziehen viele Löwen und Hyänen mit, und über ihnen kreisen Scharen von Geiern. Die Löwen und Hyänen verbringen die Tage in den schattigen Gebüschen der Kopjes in den Revieren der Dikdik, schleppen Beutereste dorthin, die wieder andere Raubtiere anziehen; sie erhöhen die Zahl der Dikdikraubfeinde, die ohnehin schon groß genug ist.
Neben Löwe und Hyäne jagen Gepard, Leopard, Karakal, Serval, Hyänenhund und Schakal die Dikdik. Noch ein gutes Dutzend anderer Arten schlagen Jungtiere (s. die Übersicht auf S. 29). Besonders gefährlich ist es für die Jungtiere, wenn eine der oft über 50 Kopf starken Pavianhorden in breiter Front ein Revier durchkämmt.
Gegenüber diesen vielen Raubfeinden ist den Dikdik die große Zahl der Nahrungskonkurrenten von Nutzen: diese Tiere sind gleichzeitig Mitbeutetiere und lenken die Raubfeinde ab, und die Dikdik beachten ihre Warnrufe.
Einer der Raubfeinde nützt den Dikdik mehr, als er ihnen schadet: der Leopard. Einmal kommt er nur in geringer Dichte vor, lebt von vielen anderen Tieren, von Mäusen, Hasen, Perlhühnern, Klipp- und Buschschliefern, bis zu Thomsongazellen, Impalas und Riedböcken, dann aber reißt er vor allem andere Raubfeinde der Dikdik: Karakal, Serval, Wildkatze, Schakal und Pavian. Auch Löwen jagen Paviane und halten einzelne kleinere Raubtiere in Abstand (Serval und Karakal), während sie andere, wie Schakal und Hyäne, nach sich ziehen.
Nur wenige Säugetiere scheinen ohne Bedeutung für die Dikdik zu sein: die Insekten, Amphibien oder Reptilien fressenden Tiere wie Erdwolf, Löffelhund, Zebramanguste, Erdferkel und Schuppentier. Ebenso wie die ungefährlichen Geierarten rufen diese Tiere häufig Fluchtreaktionen bei den Dikdik hervor, wohl wegen ihrer Ähnlichkeit mit gefährlichen Raubfeinden, oder wenn sie plötzlich auftauchen. Die zahlreichen Agamen erschrecken die Dikdik manchmal, wenn sie blitzschnell über die Felsen huschen.
Ein ungefährliches kleines Raubtier steht in den Soit ol Modison Kopjes in sozialem Kontakt mit den Dikdik – das Rotichneumon oder die Hermelinmanguste (*Myonax sanguineus*). Dikdik und Hermelinmanguste üben dort offensichtlich eine Anziehungskraft aufeinander aus. Viele Male sahen wir eine (verschiedene Individuen) Hermelinmanguste mit einer Dikdikfamilie, besonders mit dem Jungtier, spielen. Die alten Dikdik dulden sie in weniger als 1 m Nähe, gehen manchmal einige Schritte in Drohhaltung auf sie zu, wenn die Manguste näher kommt; die Hermelinmanguste springt dann etwas zurück, erscheint aber gleich wieder. Mit dem Jungtier spielt sie regelrecht: eine Hermelinmanguste schaute z. B. einmal von einem Felsblock auf das

Dikdikjungtier herunter. Das Kitz konnte nur ihren Kopf sehen und zog in angespannter Haltung auf den Block zu. Die Hermelinmanguste sprang auf der entgegengesetzten Seite herunter, für das Kitz unsichtbar, setzte in einem Bogen um das Kitz und schlich es geduckt im Gras von hinten an. Das Kitz hörte sie, drehte sich um und zog mit aufgestelltem Büschel auf sie zu. Sie duckte sich flach auf den Boden. Beim Zusammentreffen spritzten beide nach verschiedenen Seiten auseinander, und das Spiel begann von neuem.
Auch die Klippschliefer dulden die Hermelinmanguste auf ihrem Felsen, ohne zu warnen.
In der Regenzeit leiden die Dikdik unter den Fliegen, die sie manchmal in Scharen umfliegen. Sie halten sich mehr im Gebüsch auf und sind auch infolge des hohen Grases schwer zu finden.

II. Sozialsystem

Voraussetzung für Aussagen über das Sozialsystem einer Tierart, besonders über Paar- und Revierbindung, ist das individuelle Kennen der beobachteten Tiere.
In den Soit ol Modison Kopjes kennen wir 5 Dikdikpaare (M_{1-5}, W_{1-5}, s. Abb. 1 und Abb. 2), sowie deren 5 Nachkommen aus 2 Setzzeiten ($K_{1,5}$ und $KK_{3,4,5}$), einen Nachbarbock (M_6), einen durchziehenden Altbock (M_7) und einen durchziehenden Jungbock (K_8).
Einzelne Tiere und Paare sind auch aus anderen Gegenden des weiteren Beobachtungsgebietes bekannt.

a. Paarbindung

Alle bekannten adulten Tiere lebten während der Beobachtungszeit von zwei Fortpflanzungsperioden mit dem gleichen Partner. M_1 und W_1 wurden auf Fotos vom August 1967 erkannt, sie lebten also schon mindestens zwei Fortpflanzungsperioden vor Beobachtungsbeginn zusammen. Der Bock vertreibt fremde Böcke und Geißen, sowie eigene und fremde herangewachsene Jungtiere, die Geiß beteiligt sich nicht daran (s. u.). Eine Geiß (W_1) verschwand Anfang Januar 1969. Der Bock (M_1) lebt seitdem (5 Monate) allein. Die heranwachsende Junggeiß verschwand kurz nach der Altgeiß. Ende Januar 1969 vertrieb der Bock eine Geiß (die zurückgekehrte Junggeiß?) aus dem Revier.
Drake-Brockman (1911) schoß die Geiß eines Paares und fand den Bock noch 7 Monate danach allein, obwohl zahlreiche andere Dikdik in der Gegend lebten.
Simonetta (1966) berichtet, daß eine Geiß, die er mit einem Altbock und ihren Nachkommen, 2 Jungböcken, auf einer Fläche von 30 m^2 hielt, die Bin-

dung zu dem Altbock aufrechterhielt, auch als die Jungböcke herangewachsen und dem Altbock überlegen waren, ihn angriffen und verletzten.
Daß die Paarbindung von der Revierbindung unabhängig ist, zeigt sich auch, wenn das Paar einmal ausnahmsweise das Revier verläßt, sei es, daß sie durch die herabgefallenen Früchte unter einem Baum des Nachbarreviers verlockt wurden oder daß sie einmal zusammen über eine nachbarfreie Grenze (s. Abb. 10) in die Steppe hinausziehen und Gras äsen. Bei diesen Expeditionen sind die Tiere deutlich wachsamer und halten noch enger zusammen als im Revier.

b. Revierbindung

Alle bekannten Paare lebten während der Beobachtungszeit in je einem festumrissenen Gebiet. M_1 und W_1 wurden auf Fotografien von August 1967, also ein Jahr vor dem Beobachtungsbeginn, in ihrem Revier erkannt.
Meist ziehen die beiden Tiere gemeinsam durch das Revier. Bei zwei Paaren (2 und 4) wurden die Partner nie getrennt voneinander beobachtet, bei Paar 1 und 5 trennten sich die Partner manchmal für halbe Tage, M_3 wurde 1968 einige Zeit häufig allein angetroffen, dann aber nur mehr zusammen mit W_3.
Simonetta (1966) beobachtete im Freiland, daß Dikdik feste Kotplätze benutzen und die Böcke Präorbitalsekret absetzen. Eine Revierverteidigung sah er nicht.
Die Reviere sind durch Kotplätze, Präorbitalsekret und optisch durch auffallende Stellungen beider Revierinhaber markiert und werden nur vom Bock gegen Artgenossen, Böcke und Geißen, verteidigt (s. u.).

1. Reviermarkierung

(1) Präorbitalsekret

Erwachsene Tiere beider Geschlechter, und auch schon Jungtiere, setzen Präorbitalsekret an allen Stellen des Reviers ab. Mit schräg gehaltenem Kopf wird die Drüsenöffnung von oben über das Ende eines blattfreien Ästchens oder eines Grashalmes geschoben, etwas hin und her gewendet und wieder zurückgezogen; an dem Halmende befindet sich dann ein Tropfen schwarzen Sekretes (Abb. 7). Nur der Bock markiert die *Reviergrenzen regelmäßig* mit Präorbitalsekret. Mindestens einmal, bei Aufregung auch mehrmals täglich, zieht der Bock die Grenzen seines Reviers entlang und setzt alle 2 bis 50 m Drüsensekret ab. So setzte M_5 am 2. 1. 1969 zwischen 18.15 und 19.00 LZ entlang einem 400 m langen Teil seiner Reviergrenze 19mal Sekret ab. Eine solche Markierungsrunde wird von kurzen Äspausen unterbrochen und dauert für 600 m Grenze ein bis zwei Stunden. Das Sekret wird regelmäßig

Abb. 7 An einem Ast von *Solanum dennekense* abgesetztes Voraugendrüsensekret

an den gleichen Astenden (20–) 30–40 (–50) cm über dem Boden abgesetzt. Die Pflanzenarten, die dazu benutzt werden, sind in Tab. 2 gekennzeichnet. Die Absatzästchen sind über das ganze Revier verteilt. An einzelnen Stellen treten sie gehäuft auf. Es sind Stellen, an denen sich die Dikdik viel aufhalten, auf oder fern der Grenze, entfernt von oder nahe bei Kotstellengebieten. Versuche, festzustellen, wie Revierböcke auf Drüsensekret anderer Böcke reagieren, gelangen wegen technischer Schwierigkeiten nicht.

(2) Interdigitalsekret

Noch viel weniger als von der ethologischen Funktion des abgesetzten Voraugendrüsensekrets wissen wir von der der Zwischenzehendrüsen. Der Bock scharrt regelmäßig beim Nässen, und häufig ist die Kotstelle von Kratzspuren umgeben (Abb. 9a).

(3) Kotplätze

»Das Dikdik lief eines Tages seinen gewohnten Weg. Gerade war der Elefant vorbeigezogen und hatte Losung fallen lassen. Das Dikdik lief gegen einen Ballen, stolperte und überschlug sich. Es war sehr böse und löst sich seitdem immer auf der gleichen Stelle und hofft, eines Tages einen solchen Berg Losung anzuhäufen, daß der Elefant darüber stolpert.« (Unter den Bantu in Ostafrika weitverbreitete Geschichte.)

Die Dikdik setzen ihren Kot immer in den gleichen Kotstellengebieten ab. Diese bilden eine Fläche von wenigen bis zu einigen hundert Quadratmetern und liegen auf den Abschnitten der Reviergrenze, an denen die Nachbarn geländebedingt vorbeiziehen müssen und sich daher dort am häufigsten treffen. Diese Kotstellengebiete werden von beiden Nachbarn benutzt, und zwar zu verschiedenen Zeiten und an getrennten Stellen, den eigentlichen Kotstellen, mit einer Fläche von 0,1–1 m^2 (s. Abb. 9d). Eine solche Kotstelle wird von den Inhabern *eines* Reviers – Geiß, Kitz und Bock – gemeinsam benutzt, häu-

Abb. 8 Ablauf des Kotzeremoniells. (Paar III; 27. 9. 1968) a: Geiß näßt b: Geiß löst sich c: Bock schnuppert an Losung der Geiß d: Bock näßt scharrend e: Bock hockt sich nach Drehung um 180° hin und löst sich f: Bock löst sich nochmals nach erneuter Drehung um 180°

fig gleichzeitig, d. h. gleich hintereinander: zuerst zieht die Geiß auf die Kotstelle: ohne zu scharren, näßt sie angehockt (Abb. 8 a) und hockt sich zum Koten dann ganz hin (Abb. 8 b). Das Jungtier, so vorhanden, kann vor oder nach der Geiß die Kotstelle benutzen, ohne zu scharren – wie die Geiß. Als letzter kommt der Bock. Vorher steht er häufig schon wartend dicht hinter der Geiß. Manchmal schnuppert er dabei an ihrem Harn und flehmt (s. S. 65). Wenn die

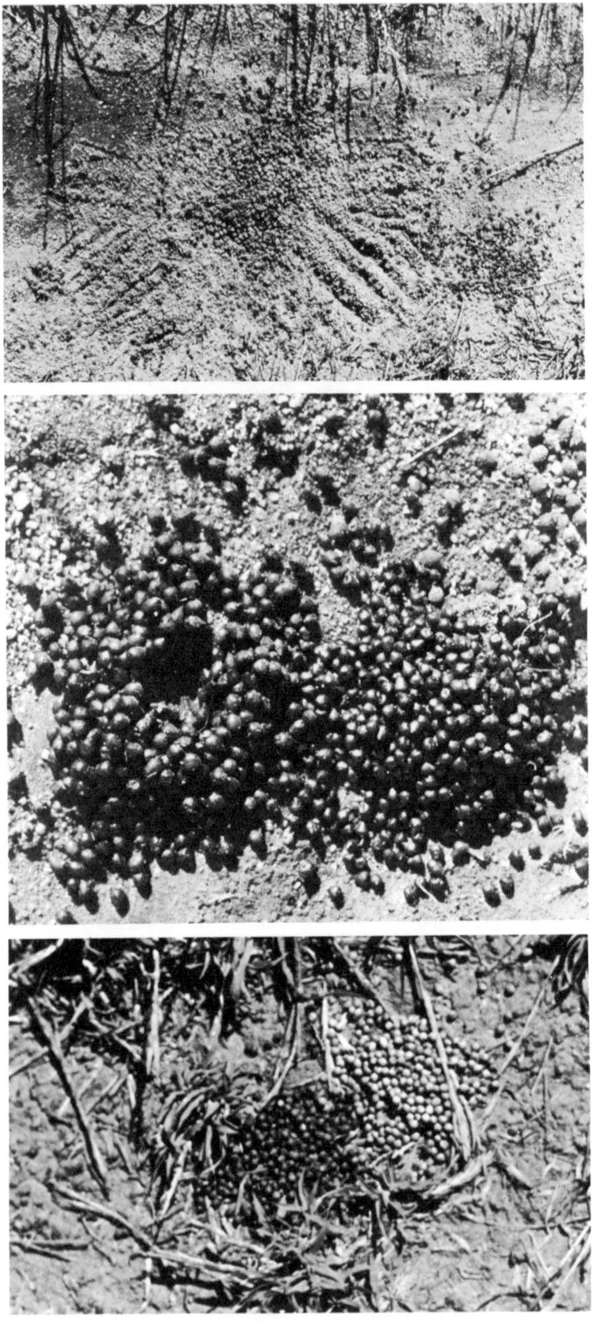

Abb. 9 Dikdik-Kotstellen

a: Kotstelle mit Kratzspuren

b: Losungskörner von Bock und Geiß (links Geiß, rechts Bock)

c: verschiedenfarbige Losung von Bock (dunkel) und Geiß

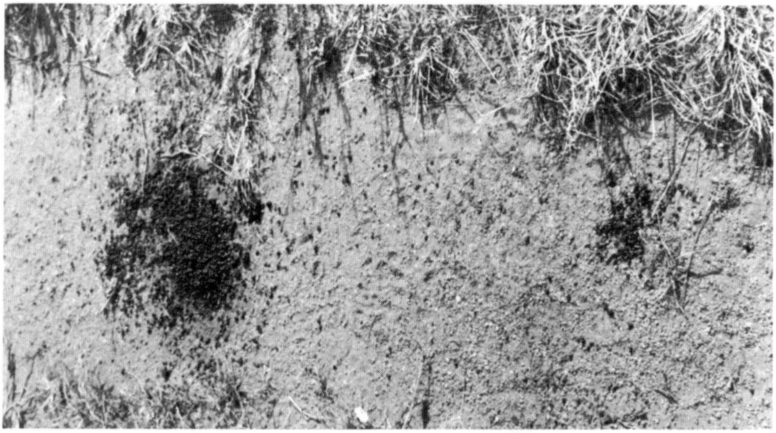

d: nebeneinanderliegende Kotstellen zweier Reviernachbarn (links von Familie V, rechts vom allein lebenden Bock I; März 1969)

Geiß weitergezogen ist, zieht er auf die Stelle, schnuppert an der Losung der Geiß (Abb. 8 c), näßt darüber (Abb. 8 d) und scharrt dabei mit den Vorderläufen je fünf- bis achtmal rechts und links abwechselnd, insgesamt vier- bis fünfmal, dann richtet er sich wieder auf, dreht sich um 180° und harnt weiter. Nach ein bis drei Wendungen hockt er sich schließlich zum Koten ganz hin (Abb. 8 e), wird wieder hoch und hockt sich nach einer Drehung um 180° wieder hin und kotet weiter (Abb. 8 f). Das Ganze ist ein »Kotzeremoniell«. Seine Losung liegt so auf der mit trockenem Staub zugedeckten Losung der anderen.

Form und Farbe des scharf kuh- bis schafartig riechenden Kots variieren beträchtlich. Die Losungskörner des Bocks sind dunkler, spitzer und kürzer [4,5 (–5) × 6 (–7) mm] als die der Geiß [4 (–5) × 8 (–10) mm], vgl. Abb. 9 b. Die Färbung schwankt von normalerweise schwarz und dunkelbraun bis hellbraun oder fahlbeige (vgl. Abb. 9 c), die Korngröße kann beim gleichen Tier stark wechseln; der Kot einer Geiß (W_3) bestand zeitweise aus Ballen, die nicht in Körner aufgegliedert waren (warzenschwein- oder zebraartig).

Für einige Tage oder auch Wochen und Monate bleibt die Kotstelle die gleiche, dann kann sie sich verschieben, oder sie wird an einem anderen Ort des Kotstellengebietes neu angelegt. Ein Kotstellengebiet besteht also aus zwei frischen Kotstellen der beiden Nachbarn und einer Reihe älterer Kotstellen. Auf einem Gebiet von 100 m² lassen sich manchmal noch 15 Kotstellen oder mehr erkennen. Die Kotstellen der Nachbarn können weit entfernt voneinander an den entgegengesetzten Rändern des Kotstellengebietes oder dicht nebeneinander liegen (Abb. 9 d).

Es bieten sich also zwei Methoden an, die Grenzen und damit die Größe von Dikdikrevieren zu bestimmen (andere Methoden zur Dichtebestimmung s. S. 49 f.):

1. Direkte Beobachtung der individuell bekannten Revierinhaber: trägt man jeden Punkt, an dem ein Dikdik gesehen wurde und jede Strecke, die es zurücklegte, in eine Karte ein, so zeichnen sich nach einigen Wochen oder Monaten die Rerviergrenzen ab.

Auseinandersetzungen zwischen Reviernachbarn müssen in der Nähe der Grenze stattfinden. Nachteile: schwierig (individuelles Kennen der Tiere erforderlich), langwierig. Vorteile: gesichertes Ergebnis.

2. Absuchen des Geländes nach Kotstellen: trägt man die Kotstellen in eine Karte ein, so zeichnen sich Grenzlinien ab, die zu Reviergrenzen zusammenzusetzen sind. Nachteil: es ergeben sich nur Grenzstücke, diese können falsch zusammengesetzt werden. Vorteil: mit 10 Leuten können bis 50 ha an einem Tag aufgenommen werden.

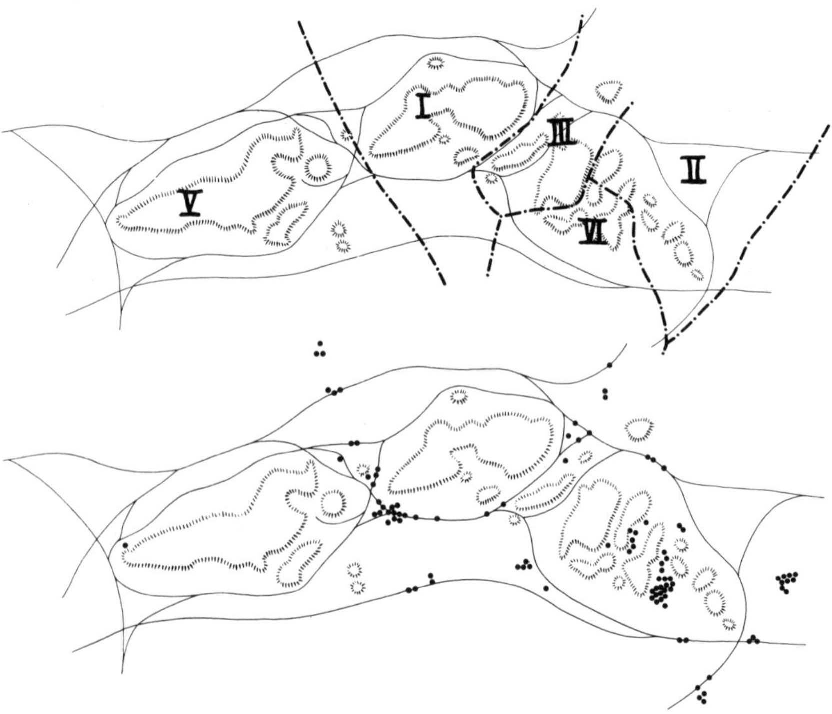

Abb. 10 Skizze der Soit ol Modison Kopjes. (Nach Luftaufnahmen wie Abb. 5b; links: Norden; ungefährer Maßstab: 1 : 8000; : Gebiet von Granitfelsblöcken, —: Wagenspur) a: Reviergrenzen (–·–, ermittelt durch direkte Beobachtung der Revierinhaber) b: Kotstellen (•; aufgenommen am 14. 4. 1969)

Tabelle 4 Zahl der Kotstellen und Kotstellengebiete auf den Grenzen der einzelnen Reviere in den Soit ol Modison Kopjes.

Durch Kotstellen markierte Grenze zwischen den Revieren	Länge der markierten Grenze (m)	Anzahl der Kotstellen-gebiete	Anzahl der Kotstellen	Länge der markierten Grenze für Revier (m)					Anzahl der Kotstellengebiete für Revier					Anzahl der Kotstellen für Revier				
				I	II	III	IV	V	I	II	III	IV	V	I	II	III	IV	V
I— V	300	6	29	300				300	6				6	13				16
I—III	240	5	10	250		250			5		5			5		5		
II—III	70	2	6		100	100				2	2				3	3		
II—IV	220	4	30		200		200			4		4			15		15	
II—VI	200	3	18		300					3					9			
III—IV	150	2	6			150	150				2	2				3	3	
insgesamt:	1 300	20	99	550	600	500	350	300	11	9	9	6	6	18	27	11	18	16
sonstige Kotstellen:			6											3	2			1
			105											21	29	11	18	17
Mittel:						450					8					19		

Tabelle 4
Zahl der Kotstellen und Kotstellengebiete auf den Grenzen der einzelnen Reviere in den Soit ol Modison Kopjes

Tabelle 4 a
Die markierten Grenzstrecken und Kotstellengebiete im Verhältnis zur Reviergröße

Tabelle 4a Die markierten Grenzstrecken und Kotstellengebiete im Verhältnis zur Reviergröße.

	Revier I	II	III	IV	V
Fläche (ha)	6,75	3,75	2,50	3,00	8,75
Grenzlänge (m)	1100	850	650	700	1200
markierte Grenzstrecken (Abb. 10, Tab. 4)	550	600	500	350	300
markierte Grenzstrecke in % der Gesamtgrenze	50	71	77	50	25
Anzahl der Kotstellengebiete (Abb. 10, Tab. 4)	11	9	9	6	6
Kotstellengebiete pro 100 m markierte Grenze	2	1,5	1,8	1,7	2
Anzahl der Kotstellen (Abb. 10, Tab. 4)	18	27	11	18	16
Kotstellen pro 100 m markierte Grenze	3,3	4,5	2,2	5,1	5,3

Beide Methoden wurden in verschiedenen Gebieten angewandt. Die Ergebnisse für die Soit ol Modison Kopjes zeigen Abb. 10, Tab. 4 und Tab. 4a. Auf den Grenzen eines Reviers lagen 6 bis 13 Kotstellengebiete mit je 2 bis 20, im Mittel 4 Kotstellen.

Folgende Reize können Kotverhalten bei Dikdikbock und -geiß auslösen:
1. Näß- und Kotstellung von anderen Revierinhabern,
2. Kot fremder oder der Nachbardikdik,
3. Nachbar- oder fremde Dikdik,
4. Grenzauseinandersetzungen.

Die Entstehung eines Kotstellengebietes könnte man sich folgendermaßen denken:
Siedelt sich ein Dikdikpaar oder -bock an einer bisher nachbarfreien Seite eines anderen Dikdikreviers an oder dehnt er sein Revier bis dorthin aus, so treten Grenzauseinandersetzungen und Nachbarwahrnehmungen – durch die Geländeform bedingt – an bestimmten Stellen der entstehenden Grenze gehäuft auf. Sobald auf die Reize hin ein Dikdik dort kotet, verstärkt sich die Reizwirkung dieses Gebietes und steigt mit jedem weiteren Kotverhalten in ihm. Durch Ortsgewöhnung wird die Reizwirkung des entstehenden Kotstellengebietes verstärkt und gefestigt.
Der Boden unter einer alten Kotstelle ist häufig mehrere Dezimeter tief harngetränkt, so daß die Dikdik keine Schwierigkeiten haben, die Kotstelle wiederzufinden, wenn man den Kot entfernt oder wenn er von Regengüssen weggewaschen wird. Entfernt man allen Kot eines eingeführten Kotstellengebietes und legt ihn 30 m weiter wieder aus, so wird er dort von den Dikdik nicht mehr beachtet, vielmehr legen sie neue Kotstellen im alten Kotstellengebiet an.
Oft findet man Dikdikkot auf Kothaufen anderer Tiere, z. B. Nashorn, Impala, Riedbock, Klippspringer, Steenbok.
Bei den Arten, die ebenfalls feste Kotstellengebiete haben, wie Klippspringer, benutzen häufig beide Arten die gleichen Gebiete, ja die gleiche Kotstelle; d. h. zumindest auf Strecken verlaufen die Grenzen der Reviere beider Arten gleich.

(4) Olfaktorische Identifikation von Artgenossen

Um die Bedeutung der Kotstellen für die Dikdik genauer zu analysieren, erschien es sinnvoll, die Reaktionen der Dikdik auf eigenen und fremden Kot auf Kotstellengebieten und fern davon festzustellen.
Wir legten dazu jeweils den Kot von Tieren des Reviers, von Nachbarn und von fremden Dikdik in das Revier, auf kotstellenfreie Strecken der Grenze und auf Kotstellengebiete. Es war nicht einfach, den Dung auf eine Stelle zu legen, über die ein Dikdik ziehen würde, solange der Dung noch frisch war.

Tabelle 5 Verhalten der Revierinhaber gegenüber fremdem Kot: + = wird bedeckt; — = wird nicht bedeckt.

Losung	Dikdik beachtet im Revier	Dikdik beachtet auf der Reviergrenze außerhalb eines Kotstellengebietes	Dikdik beachtet auf der Reviergrenze im Kotstellengebiet	Nashorn (nach Goddard 1967) folgt der Spur geschleppter Losungsballen in % der Beobachtungen	Nashorn (nach Goddard 1967) bedeckt Losungsballen in % der Beobachtungen
des Revierinhabers	— —	(+ —)	+	60	5
des Nachbarbocks	+ +	(+ —)	— —	70	20
eines fremden Bocks	+ +	(+)	+ +	30	30

So gelang es nicht, die Reaktionen auf Dung an Grenzstrecken außerhalb von Kotstellengebieten in genügender Anzahl zu beobachten. Im Revier (grenzfern) und auf Kotstellengebieten ließ sich folgendes feststellen (vgl. Tab. 5):

a) Kot von Tieren seines Reviers beachtet ein Bock auch an ungewohnten Stellen im Revier nicht.

b) Stößt ein Bock in seinem Revier außerhalb der Kotstellengebiete auf revierfremden Kot, so beschnuppert er ihn lange und deckt ihn zu, d. h. er hockt sich darüber, näßt scharrend auf den fremden Kot und setzt dann seinen eigenen Kot darauf. Der Bock macht dabei keinen Unterschied zwischen dem Kot der Nachbarn und dem fremder Dikdik. Manchmal kehrt er wochenlang zu einer solchen Stelle zurück und führt jedesmal ein Kotzeremoniell durch. Legt man ihm wieder frischen fremden Kot hin, kann an diesem Ort eine feste Kotstelle entstehen.

c) Auf den Kotstellengebieten behandelt der Bock fremden Kot und den der Reviernachbarn unterschiedlich: den Kot der Reviernachbarn (♂♂ und ♀♀), mit denen er das Kotstellengebiet teilt, beachtet er nicht; den Kot fremder Dikdik (♂♂ und ♀♀) deckt er mit einem Kotzeremoniell zu (wie im Revier).

Ohne zusätzliche Informationen über die Kotstellengebiete zu geben, beweisen diese Versuche eine Fähigkeit der Dikdik, die zwar anzunehmen, aber nicht bewiesen war:

1. Daß ein Dikdikbock zwischen fremdem und Nachbarkot unterscheiden kann zeigt, daß Dikdik sich olfaktorisch individuell erkennen können.
2. Daß ein Dikdikbock den Kot des gleichen Tieres auf der Grenze in einem Kotstellengebiet anders als in seinem Revier behandelt, zeigt zudem, daß der gleiche Geruch an verschiedenen Orten ein verschiedenes Signal sein kann.

(5) Optische Markierung durch besondere Stellungen

Die Harn- und Kotstellungen sind sehr auffällig (Abb. 8). Da die Kotplätze an den Reviergrenzen liegen, könnten diese Stellungen, wenn sie gesehen werden, eine wirksame optische Markierung darstellen. Da Dikdik schon heranziehende Nachbardikdik aufmerksam beachten, war es uns aber nicht möglich zu erkennen, ob die Kotstellung als besondere optische Markierung wirkt.

Drohende Prellsprünge in Richtung der Grenze veranlassen den Nachbarn unter Umständen zur Flucht ins Revierinnere.

Die »Habachtstellung« gegenüber Nachbarn (Abb. 15 a) wirkt weit auffälliger als die Stellung, die Dikdik bei Warnung vor Schleichräubern (s. S. 60) einnehmen (Abb. 15 b). Dies könnte ein Hinweis auf die Markierungsfunktion der Habachtstellung sein.

Auch das Fegen der Böcke – sie nehmen vertikale Ästchen zwischen die Hörner und fahren mit dem Kopf heftig auf und ab, dabei blitzschnell nach rechts und links hakend, u. U. die Ästchen abknickend – mag unter anderem die Funktion optischer Markierung haben.

Einmal beobachteten wir Fegen – Markieren – Fegen – Markieren – Kotzeremoniell hintereinander.

Die Warnlaute und -stellungen werden auf S. 62 beschrieben; auch sie mögen nebenher als optische und akustische Markierung dienen.

2. Revierverteidigung

Bemerkt eine Geiß, daß sich ein fremdes Dikdik der Reviergrenze nähert, so wirft sie auf, bleibt mit hohem Kopf erstarrt stehen oder geht einige Schritte auf die Grenze zu und bleibt dann stehen. Ist der Bock in einer anderen Gegend des Reviers, so geschieht weiter nichts; die Geiß fängt nach einiger Zeit wieder an zu äsen oder flieht, wenn der Fremdling näher kommt, ins Revierinnere. Ist der Bock in der Nähe und hat er die Annäherung des anderen Dikdik selbst noch nicht wahrgenommen, so wird er durch die erstarrte Stellung der Geiß darauf aufmerksam. Auch er steht einige Sekunden mit hochgehaltenem Kopf erstarrt da, u. U. in Imponierhaltung, wie auf Stelzen, mit gebogen gespanntem Hals; wenn das Dikdik die Grenze erreicht, prescht er mit aufgestelltem Büschel in hohen, federnden Prellsprüngen drohend auf das fremde Dikdik zu. Ist dies eine Geiß und weicht sie nicht schnell genug aus, stößt er sie mit den Hörnern, wo er sie trifft. Meist rennt die Geiß laut angstfiepend davon. Einige Male sahen wir aber auch, wie die Nachbargeiß ruhig stehenblieb; die Püffe, die ihr Fell stauben ließen, schienen ihr nichts auszumachen.

Ein fremder Bock weicht meist sofort vor den Drohsprüngen aus und zieht sich zurück. Der Revierinhaber verfolgt ihn nicht. Manchmal aber stellt sich der Bock, besonders wenn er ins eigene Revier hinein verfolgt wird. Die Böcke preschen dann aus 2–10 m Entfernung mit aufgestelltem Haarbüschel aufeinander los. Am Ende des Vorpreschens, wenn sie noch etwa 1 m voneinander entfernt sind, wird der Kopf heftig nach unten geschlagen. Gleichzeitig mit diesem *Nicken* bremsen die Böcke scharf und gehen einige Schnellschritte rückwärts, der nachgebende weiter als der andere. Beide drehen dann um und gehen voneinander weg; wenn sie wieder 2–10 m auseinander sind, drehen sie sich erneut gegeneinander und preschen aufeinander los. Nach einem halben Dutzend Gängen kann der eine 10 m zurückgedrängt sein, ohne daß sich die Böcke berührt haben. Manchmal steht der eine Bock und erwartet das Vorpreschen des anderen, beide nicken gleichzeitig; meist weicht der stehende dabei weiter zurück als der anpreschende. Er wird dabei in sein Revier zurückgedrängt, bis er vorzupreschen beginnt und den anderen wieder zurückdrängt. Zeitweise können sie – gegenüberstehend und nickend – mit dem Kopf gegen Halme und Astenden schlagen. Gegen Ende einer Auseinandersetzung flieht ein Bock, oder sie ziehen vor jedem Aufeinanderpreschen weiter auseinander; schließlich bleibt das erneute Aufeinanderzupreschen ganz aus, und sie beginnen zu äsen. Meist folgte auf den Kampf ein Kotzeremoniell.

Wir sahen insgesamt 5 solcher Ritualkämpfe zwischen Reviernachbarn; ob es daneben Beschädigungskämpfe gibt, wissen wir nicht.

Der Jungbock hat dem Altbock gegenüber eine Demutstellung: er knickt dazu in Vorder- und Hinterläufen gleichmäßig ein und streckt das Kinn am langen Hals weit vor, der Rücken bildet eine horizontale Linie und ebenso der Hals und die Kinnunterseite. So steht er einige Sekunden bewegungslos, starr, die Rückenlinie unter der Kinnhöhe des Alten, das Büschel nicht aufgestellt. Häufig springt der Jungbock dann, sich wie ein Hund windend, auf den Alten zu, steht wieder bewegungslos, bis der Alte abdreht oder zu äsen beginnt.

Einige Male sahen wir den Jungbock die Äserspitze unter den Hals des Alten stoßen, manchmal auch gegen die Flanken; wir wissen aber nicht, ob das zum Ritual gehört.

Solange der Jungbock in gespannten Situationen diese Demutstellung dem Altbock gegenüber einnimmt, vertragen sich die beiden gut. Sie äsen, ziehen oder ruhen oft zusammen, getrennt von der Geiß, die schon das nächste Kitz führt. Sobald der Jungbock aber die Demutstellung »vergißt« und sich um die Geiß kümmert, wird er vom Altbock vertrieben. Der Nachbarbock übernimmt das weitere Verjagen usw. Die Altböcke ziehen beim Vertreiben von Jungböcken oft weg von ihrem eigenen, durch mehrere andere Reviere. Dabei kommt der Altbock selten näher als 2 m an das Böckchen heran, das dann angstfiepend ausweicht. Meist zieht der Altbock einige Meter hinter dem

Jungen her, ihn ab und zu mit einigen Schnellschritten vor sich herjagend, wobei am lang vorgestreckten Hals der Äser nach oben stößt, mit sich kräuselnder Oberlippe (ähnlich wie beim Treiben einer Geiß, s. S. 65). Das kann so stundenlang im Kreis gehen, zum Schluß wirken beide ziemlich erschöpft und stehen mit offenem Äser atmend eine Zeitlang da. Geraten sie in ein fremdes Revier, so setzt der Revierinhaber auf die beiden zu, hinter dem zuerst ausweichenden Jungbock her und jagt ihn weiter. Der bis dahin jagende Altbock bleibt mit offenem Äser keuchend stehen und zieht dann in sein eigenes Revier zurück.
Die Geiß kann die Junggeiß etwas vertreiben, indem sie mit erhobenem Kopf und im Stechschritt auf sie zugeht, die Junggeiß weicht dann aus. Die Geiß verfolgt nie weit.
Einmal beobachteten wir einen spielerischen Kampf zwischen Geiß und herangewachsenem Bockkitz. Sie preschten mit aufgestelltem Büschel aufeinander zu; der Bock fuhr dann dazwischen und trennte die beiden.
Dikdik erkennen sich auf Entfernung schlecht. So geht der Revierbock häufig drohend auf Geiß oder Jungtier zu, wenn diese auf der Grenze stehen, bis er erkennt, wen er vor sich hat. Auch die Reviernachbarn können sie auf große Entfernung nicht erkennen. Einmal beobachteten wir einen jüngeren Revierbock (M_4), der auf der Grenze äste. Als im Nachbarrevier ein Bock auftauchte, setzte er blitzschnell von der Grenze weg in sein Revier, offensichtlich, da er ihn für den alten Inhaber des Nachbarreviers, M_3, hielt. Der andere kam langsam näher. Es war ein fremder Bock, M_7. M_4 erschien wieder und zog langsam äsend auf M_7 zu, der im Nachbarrevier in der Nähe der Grenze stand, als ob er nicht wisse, daß der fremde Bock da ist. Plötzlich wirft er auf und geht im Stechschritt auf den Fremdling zu. M_7 wendet sich leicht ab; sie stehen noch einen Augenblick, dann läuft M_7 davon und M_4 folgt zuerst zögernd und, als M_7 zu rennen beginnt, schneller.
Einmal beobachteten wir im Revier eines Paares einen adulten revierfremden Bock. Als das Paar in 50 m Entfernung auftauchte und zu ihm hinsicherte, erstarrte er und sank – vorn und hinten gleichzeitig einknickend, der Rücken blieb waagerecht – im Zeitlupentempo gummiartig auf den Boden. Er lag flach an den Boden gedrückt, den Kopf nach vorn haltend, ohne ihn aufzulegen und behielt die Revierinhaber im Auge. (Das gleiche Verhalten zeigen die Dikdik gegenüber Hetzräubern, s. S. 60.) Die Revierinhaber sicherten weiter zu der Stelle hin, der Revierbock begann zu pfeifen, und Schritt um Schritt zogen sie näher, die Geiß vorn. Der Bock pfiff weiter, wandte sich aber immer wieder ab und machte so den Eindruck, als ob er die Sache lieber auf sich beruhen lassen wolle. Da die Geiß immer weiter zog, folgte er. Als der fremde Bock einmal mit dem Kopf zuckte, stoben beide erschreckt auseinander, beruhigten sich wieder und zogen weiter auf den liegenden, fremden Bock zu. Der Revierbock zog schließlich vor; er sicherte aus 10 m Ent-

fernung zu dem bewegungslos im Gras liegenden fremden Bock hin und zog in 10 m Abstand (ohne ihn zu erkennen?) seitlich an ihm vorbei, die Geiß folgte. Der liegende Bock hatte jetzt die beiden in seinem Rücken, er wurde unruhig, hob den Kopf, wurde hoch und schlich in geduckter Haltung davon, in Richtung der Grenze; die beiden folgten zögernd, die Geiß wieder vorn, bis zur Grenze und hoppelten dann, ab und zu etwas äsend, ins Revier zurück.

Versucht man, diese und zahlreiche andere Einzelbeobachtungen zu einem Gesamtbild zusammenzusetzen, so zeichnet sich für die Entstehung von Paar- und Revierbindung etwa folgendes ab:

Die herangewachsenen, von den Eltern vertriebenen und von anderen Revierinhabern weitergejagten Jungtiere bleiben an einem Ort, der ihnen Futter und Unterschlupf bietet und von dem sie kein Artgenosse vertreibt.

Handelt es sich um einen Jung*bock*, so erfährt er nach und nach, daß die Revierböcke der weiteren Umgebung ihn, wenn er sich ihren Revieren nähert, u. U. nur eine bestimmte Strecke zurückjagen; denn Revierböcke verfolgen Jungböcke, solange diese fliehen, zwar auch noch außerhalb ihrer Reviergrenzen, kehren aber dann, wenn der Jungbock zögernder flüchtet oder Anstalten macht, sich zu stellen, in ihr Revier zurück. Diese Erfahrung läßt den Jungbock – entsprechend der abnehmenden Verfolgungsmotivation des Altbocks – zögernder flüchten und schließlich anhalten und sich stellen. Der Jungbock schaut dem zurückdrehenden Altbock erregt nach und führt dann ein Kotzeremoniell aus: ein Stück Reviergrenze ist entstanden. Weiter als bis zu dieser Kotstelle läßt er sich in Zukunft nicht mehr zurücktreiben. Möglicherweise verlegt er die Grenze in der folgenden Zeit noch weiter in Richtung der Reviergrenze des Altbocks. Er fühlt sich mit der Zeit immer sicherer und führt an der endgültigen Grenze mit den Nachbarn ritualisierte Grenzauseinandersetzungen durch.

Eine Jung*geiß* kann sich ebenfalls in einem revierfernen Gebiet einstellen, aus dem sie nicht vertrieben wird, und warten, bis ein Jungbock in das gleiche Gebiet kommt und dort ein Revier errichtet. Außerdem aber kann sie sich, wenn sie in der Paarungszeit auf einen Revierbock stößt, der seine Geiß verlor und sie in Paarungsstimmung nicht vertreibt, in dessen Revier einstellen. Nach und nach lernt sie die Grenzen kennen und geht mit dem Bock eine Dauerpaarbindung ein.

Die Tiere sind individuell verschieden (vgl. Abschn. D II b 1 (4) und Tab. 6 für einige wenige Merkmale). Dies ermöglicht eine Gewöhnung individuell bekannter Partner aneinander. Daraus entsteht und besteht nach angeborenen Strukturen die Paarbindung.

Der Bock wird mit nach angeborenen Strukturen entstandenem Verhalten (Markieren, Verteidigen, s. o.) an ein Revier gebunden. Die Geiß wird möglicherweise zunächst nur an den Bock gebunden und durch ihn ans Revier.

Tabelle 6 Individuelle Kennzeichnung der bekannten Böcke der Soit ol Modison Kopjes. * bis Januar 1969, danach allein im Revier.

	M_1	M_2	M_3	M_4	M_5	M_6
kleines Revier		++	++++	++++		++
großes Revier	++++	++			++++	++
scheu } Menschen		++	+	+++	+	++++
zahm } gegenüber	++++	++	+++	+	+++	
furchtsam		+++	+	+++	+	++
furchtlos	++++	+	+++	+	+++	++
aggressiv	+	+	++++	++	++	++
friedlich	+++	+++		++	++	++
jung		++	++	+++	+	++
alt	++++	++	++	+	+++	++
allein	++*)		+		++	
zusammen mit ♀ und/oder Jungtier	++*)	++++	+++	++++	++	

Eine Geiß, deren Bock umkommt, kann die Reviergrenze gegen vordringende Nachbarböcke nicht halten. In einem dichtbesiedelten Gebiet wird ihr Lebensraum dann auf die Dauer zu sehr eingeengt, um Zuflucht und Futter zu bieten. Hat sie ein Bockkitz bei sich, kann dieses, wenn es nach 6 Monaten herangewachsen ist, die Reviergrenzen halten.

3. Revierlage und -größe

Die Reviergrenzen laufen häufig entlang vorhandener Geländedifferenzierungen, wie Talsohlen, Pfaden oder Korongos. Vielfach liegen sie im offenen Gelände gürtelförmig um dichter bewachsene Areale, wie Gebüschhorste oder Kopjes (Abb. 10); manchmal durchschneiden sie auch eine größere Buschinsel oder ein Kopje.

An einer Stelle, an der zwei (drei) Reviere zusammenstoßen, kann man bis acht (zwölf) Tiere nicht weit voneinander entfernt antreffen, die bei plötzlicher Störung eine Strecke weit zusammen flüchten können und dann den falschen Eindruck einer zusammengehörigen Sozialeinheit erwecken.

Die Mindestgröße eines Reviers wird durch verschiedene Faktoren bestimmt, die für die einzelnen Geländearten unterschiedlich sind:

In der ungünstigsten Jahreszeit (Trockenzeit), auch nach Bränden und in Dürrejahren, muß ein Revier noch genügend Futter zum Überleben bieten (s. S. 57). Dafür muß ein Teil der Vegetation für Feuer unangreifbar sein, z. B. innerhalb der Kopjes oder in von Sandflächen umgebenen Gebüschhor-

sten oder auch niedrige Äste von Bäumen und Sträuchern, die für Feuer unerreichbar sind und auf die nicht zu viele Nahrungskonkurrenten angewiesen sind.
Außerdem muß ein Revier das Ausweichen vor Raubfeinden erlauben und genügend Ablegemöglichkeiten für die Jungen bieten (s. S. 66 f.). Wenn z. B. ein größeres Raubtier wie der Leopard ein Revier als Wochenstube benützt und somit einen Teil davon für die Dikdik unbewohnbar macht, muß der übrige Teil des Reviers noch groß genug sein, um den Dikdik eine ungestörte Paarung und Jungenaufzucht zu gestatten.
Drake-Brockman (1911) sah Dikdikpaare an gleichen Orten immer wieder. Diese Gebiete waren etwa 1 acre (= 0,4 ha) groß, das zugehörige Revier war wahrscheinlich größer. Simonetta (1966) beschreibt Reviere – Gebüschinseln in Halbwüstengelände – von 2 ha Größe.
Die Reviere in unserem Untersuchungsgebiet, den Soit ol Modison Kopjes, sind 2,5–12 ha groß (Abb. 10). Durch die kettenförmige Lage der Kopjes haben die Reviere an einigen Außenseiten keine Nachbarn (Abb. 5 a, Abb. 10). Die Revierinhaber ziehen nachts manchmal an diesen Seiten weit hinaus in die Steppe und äsen außerhalb des Reviers. Sie verteidigen dieses Gebiet nicht gegen durchziehende Böcke, sondern flüchten ins Revier zurück.
Durch diese zusätzliche Fläche wird das Gebiet, das einigen Dikdik zum Äsen zur Verfügung steht, 1,5- bis 2,5fach so groß wie die Reviere. In den Soit ol Modison Kopjes benutzen 5 Dikdikpaare ca. 50 ha. Das ergibt eine Dichte (für gutes Dikdikbiotop) von über 20 / km^2. In Buschlandkopjes und an Korongos im Nyamaragebiet liegt sie bei 10 / km^2,Walther (1968) erwähnt ein Dikdikrevier bei Banagi von 10 ha; in gleichförmigem Buschland (bei Banagi) werden die Dikdikreviere bis 35 ha groß, das entspricht einer Dichte von 5 / km^2. Die Durchschnittsdichte für das Dikdikbiotop des gesamten Beobachtungsgebietes schätzen wir auf mindestens 5 / km^2 (vgl. Tab 7).[6]
Die kahlgebrannten Flächen in der Trockenzeit und die mit hohem Gras bestandenen der Regenzeit bieten eine derartig verschiedene Sichtbarkeit der Zwergantilopen, daß die aus monatlichen Strecken- oder Flächenzählungen gewonnenen Dikdikdichten sehr vorsichtig zu interpretieren sind. Lamprey (1964) erhält so im Tarangire Game Reserve für das gleiche Gebiet monatliche Dichten von 2 bis 20 Tieren pro km^2.
Daraus auf jahreszeitliche Wanderungen der Dikdik zu schließen (Lamprey 1964, S. 33), ist wohl nicht zulässig, besonders da im Dürrejahr 1961 bei

6 H. Ebedes (in Tinley 1969) zählte im Juli 1966 in Namutoni (Südwestafrika) auf einer Strecke von 6,4 km bis 42 Dikdik. – 42 Tiere = 42 : 2,5 (mittlere Anzahl von Tieren/Revier) = 17 Reviere. 6400 m : 17 = 377 = 380 m/Revier. – Unter der Annahme, daß die Reviere quadratisch sind, ergäbe das eine Reviergröße von 380 × 380 = 144 400 m^2 = 14 ha. (Die Reviere können durchaus in Streifen senkrecht zur Piste liegen und dadurch wesentlich größer sein.)

Tabelle 7 Angaben zur Dichte von Dikdikpopulationen.

Autor	Gebiet	Landschafts- und Vegetationsform	Dikdik/km² nach Strecken-zählungen	Lebensraum einer Dikdikfamilie (Direktbeobachtungen) (ha)	Dikdik/km² Direktbeobachtungen
Drake-Brockman 1911	Somaliland	arides Buschland mit Aloe- u. Sanseviera-Stauden		> 0,25	
Kurt 1964	Ostäthiopien, 41° 24′ öL, 09° 32′ nB	Galeriewald	7		
		Savanne	3		
		Sträucher: Abstand (m) / Höhe (m)			
		0—5 / 1—3	0,5		
		—50 / 2—6	1,2		
		50 / 4	0,3		
Lamprey 1964	Tarangiregebiet, Ostafrika		2—20		
Simonetta 1966	Somaliland	Gebüschgruppen in Halbwüste		2,0	(— 100)
vorliegende Untersuchung	Serengetigebiet, Ostafrika	Kopjesgebiet in Grassteppe		5 (2,5—10) (vgl. Tab. 6)	20 (— 50)
		Kopjes- oder Galeriewald-gebiet in Dornbuschsavanne		10 (10—15)	10 (— 25)
		offene Dornbuschsavanne		20 (10—35)	5 (— 15)

gleichbleibenderen Sichtverhältnissen die »Dichtezahlen« nicht mehr so stark schwankten und eine relativ hohe mittlere Dichte ergaben (12,75 Tiere / km^2). Auch Kurt (1964) schließt aus solchen Zählungen auf jahreszeitliche Verschiebungen und daß die »Brunftplätze« im Galeriewald lägen und dort die Kitze gesetzt würden.
Außer der jahreszeitlich verschiedenen Sichtbarkeit spiegelt sich auch die Fortpflanzungsperiodik (s. S. 62 f.) in diesen Zählungen:
Die Jungtiere werden in den ersten Monaten praktisch nicht gesehen, sie ziehen dann einige Monate mit den Alten und werden mitgezählt, bis sie vertrieben werden. Als scheues Einzeltier werden sie dann lange nicht so häufig gesehen wie eine sich vertraut im Revier bewegende Dreiergruppe.
Wir führten einige Streckenzählungen in unserem Beobachtungsgebiet durch. Die aus ihnen berechneten Dichten schwankten stark, lagen aber immer beträchtlich unter der tatsächlichen Dichte.
Für Dichtebestimmungen nach Streckenzählungen sollte die absolute Dichte in einem Gebiet auf oder in der Nähe der Strecke nach den Methoden auf S. 40 ermittelt sein. Aus dem Verhältnis dieser Dichte zu dem Zählergebnis für dieses Gebiet bestimmt sich der Faktor, mit dem die Ergebnisse der Streckenzählungen multipliziert werden müssen, um die tatsächliche Dichte zu ergeben (vgl. Hendrichs 1970).

III. Tagesaktivität

Die sozialen Aktivitäten sind in Abschnitt II und IV beschrieben. Die übrigen Verhaltensweisen stehen im Dienst von Ernährung, Gefahrenvermeidung, Ruhe und Körperpflege.

a. Tagesperiodik

Abb. 11 zeigt die Verteilung der Ruhe- und Aktivitätsphasen über 24 Stun-

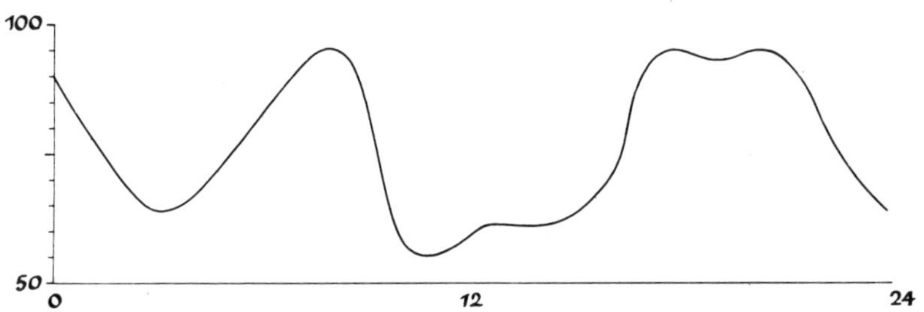

Abb. 11 Verteilung der Aktivität in % über 24 Stunden. (Mittelwerte aus Dauerbeobachtungen einzelner Tiere)

Tabelle 8 Anzahl der Kotzeremonielle in 24 Stunden.

Tageszeit (Lokalzeit LZ = Wahre Ortszeit + 45′)	Beobachtungsdauer in Stunden		Koten beobachtet		mittlere Häufigkeit des Kotens/Stunde	
	♂♂	♀♀	♂♂	♀♀	♂♂	♀♀
0— 1	4	3	1	2	0,25	0,67
1— 2	6	4	—	—	—	—
2— 3	6	4	1	—	0,17	—
3— 4	5	3	3	—	0,60	
4— 5	3	3	—	—	—	—
5— 6	4	4	—	—	—	—
6— 7	3	4	1	2	0,33	0,50
7— 8	4	6	1	2	0,25	0,33
8— 9	4	4	1	1	0,25	0,25
9—10	3	3	—	—	—	—
10—11	3	3	—	—	—	—
11—12	4	3	1	1	0,25	0,33
12—13	5	3	—	—	—	—
13—14	4	3	—	—	—	—
14—15	4	3	—	—	—	—
15—16	3	3	1	—	0,33	—
16—17	3	4	2	2	0,67	0,50
17—18	3	3	2	2	0,67	0,67
18—19	3	3	2	2	0,67	0,67
19—20	4	5	2	1	0,50	0,20
20—21	3	5	2	1	0,67	0,20
21—22	6	4	2	2	0,33	0,50
22—23	3	3	1	—	0,33	—
23—24	4	3	1	1	0,25	0,33
0—24	94	86	24	19		
	Koten pro 24 Stunden:		6,2	5,3	6,5	5,2

den, Abb. 12 die Bewegung zweier Böcke im Gelände über 12 Stunden, Tab. 8 die Häufigkeit des Kotzeremoniells über 24 Stunden.

Im Mittel verbrachten 4 Dikdik (aus verschiedenen Revieren) von 24 Stunden:

7,0 niedergetan, nicht wiederkauend,
6,0 wiederkauend, auf oder niedergetan,
3,5 auf, nicht äsend,
7,5 äsend;
oder: 12,5 Stunden auf, 11,5 Stunden niedergetan.

Die Hauptaktivitätszeiten sind die Stunden vor Sonnenaufgang bis gegen 9.00 LZ und vom Spätnachmittag bis kurz vor Mitternacht; die Hauptruhezeiten liegen von 9.00 bis mittags und um Mitternacht (Abb. 11). Zwischen

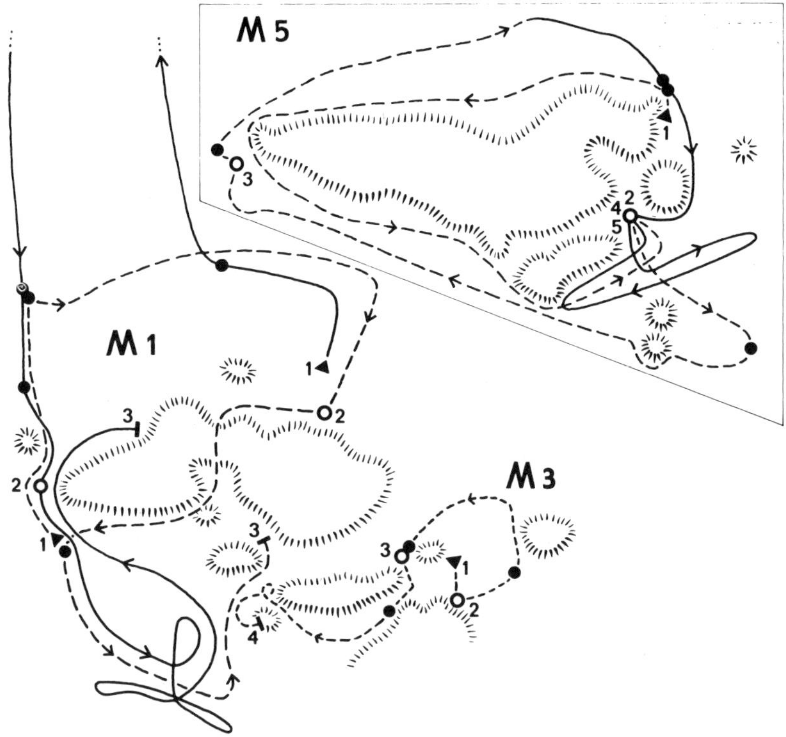

Abb. 12 Bewegungen von Dikdikböcken. (Kartenskizze wie Abb. 10, links: Norden; Größenordnung des Maßstabs: 1 : 4000; Lokalzeit = WOZ + 45′; ● : Kotzeremoniell, ▶ – – –: auf: ziehen, äsen, soziale Aktivität ○ : ruhend: stehen, niedergetan, dösen, wiederkauen)

M_5: – – –	2. 1. 1969:	1: 18.00	allein
		2: 19.15–19.45	mit Familie (Geiß, Jungbock)
		3: 21.55–23.05	
——	3. 1. 1969:	4: 0.45– 3.10	
		5: 5.05– 6.00	
M_1: – – –	5./6. 10. 1968:	1: 20.30	allein
		2: 22.10– 0.25	
		3: 3.30	
——	6./7. 10. 1968:	1: 19.00	mit Familie (Altgeiß, Junggeiß)
		2: 22.45–23.50	
		3: 3.30	allein
M_3:	8./9. 10. 1968:	1: 23.15	mit Geiß
		2: 23.30– 2.55	
		3: 4.40– 6.30	
		4: 8.15–12.00	

Tabelle 9 Die Hauptfutterpflanzen für die einzelnen Reviere in den Soit ol Modison Kopjes.
Durch jedes Revier wurde eine Teststrecke von 200 m abgesteckt, auf der jeweils im Abstand von 1 m die dominanten und die subdominanten Pflanzen festgestellt wurden. Prozentualer Anteil am Kräuter- und Sträucherangebot der Teststrecken:

—	:	0—0,9
+	:	1—4,9
++	:	5—9,9
+++	:	10—14,9
++++	:	15—19,9
+++++	:	20—24,9
++++++	:	25—29,9
+++++++	:	30—34,9

Pflanzenart	Revier I	II	III	IV	V
Achyranthes aspera	+	—	—	—	+
Allophylus rubifolius	+	+	—	—	++
Blepharis edulis	+	+	—	+	++
Celosia anthelmintica	—	+	—	—	—
Commelina sp.	+	+	+++	++	++
Cyphostema adenocaule	+	+	+	—	—
Ficus sonderi	—	—	+	—	—
Grewia bicolor	+	+	+	+	++
Helichrysum glumaceum	+	—	++	—	—
Hermannia uhligi	—	+	+	+	+
Hibiscus aponeurus	—	—	—	+	—
H. flavifolius	+	+	—	+	++
H. lunarifolius	+	—	+	—	+
Indigofera basiflora	—	++++++	+	++	—
I. volkensi	+	++	++	+++++	++
I. sp.	+	—	—	+	+
Kalanchoe sp.	—	—	+	—	+
Maerua triphylla	—	—	+	—	—
Microglossa oblongifolia	+++ ++++	+++ ++	++ +	+++ +	+++ ++
Ocimum suave	—	—	—	+	—
Rhus natalensis	+	—	—	—	—
Solanum dennekense	+	+	—	++	+
S. incanum	++	++	++++++	++	++
S. nigrum	—	+	++	++	+
Thephrosia minima	+	—	+	++	+

Tabelle 10 Dikdik-Futterpflanzen im weiteren Beobachtungsgebiet.

Familie	Art
Pteridophyta	Actiniopteris sp.
Acanthaceae	Crossandra subacaulis
	Ruellia patula
Amaranthaceae	Achyranthes aspera
Boraginaceae	Cordia ovalis
Capparidaceae	Capparis tomentosa
	Maerua triphylla
	Thylachium africanum
Commelinaceae	Commelina sp.
Crassulaceae	Kalanchoe sp.
Euphorbiaceae	Acalypha fructicosa
Labiatae	Leucas martinicensis
	L. microphylla
	Ocimum suave
Malvaceae	Abutilon mauritianum
	Hibiscus calyphyllus
Mimosaceae	Acacia hockii
Papilionaceae	Lonchocarpus eriocalyx
	Tephrosia minima
Scrophulariaceae	Craterostigma plantagineum
Solanaceae	Solanum setaceum
	S. nigrum
Sterculiaceae	Hermannia uhligi
Zygophyllaceae	Tribulus terrestris
Gramineae	Aristida keniensis
	Bothriochloa insculpta
	Cenchrus ciliaris
	Cymbopogon excavatus
	Cynodon plectostachys
	Enneapogon elegans
	Enteropogon macrostachys
	Eragrostis tenuifolia
	Heteropogon contortus
	Hyparrhenia lintonii
	Panicum maximum
	Sporobolus festivus
	Sporobolus marginatus
Liliaceae	Aloe macrosiphon
	Sanseviera sp.

Tabelle 11 Der Proteingehalt einiger Futterpflanzen (nach Dougall u.a. 1964).

Art	Proteingehalt in % des Trockengewichtes in der Trockenzeit (nach Glover u.a. 1964)	Mittelwert (in Klammern aus wievielen Angaben) in %
Acacia tortilis	5,92—17,79	10 (3)
Acalypha fructicosa	10,05—12,71	11 (2)
Achyranthes aspera	11,68—26,43	18 (3)
Balanites aegyptiaca	8,5 —27,48	19 (3)
Blepharis persica	14,48	14 (1)
Capparis tomentosa	21,55	22 (1)
Celosia anthelmintica	14,98	15 (1)
Commelina benghalensis	8,42—19,41	13 (4)
Glycine javanica	18,65	19 (1)
Grewia bicolor	6,55—14,23	11 (3)
Heliotropium steudneri	16,88	17 (1)
Hermannia uhligi	6,90	7 (1)
Hibiscus lunarifolius	17,76	18 (1)
Indigofera volkensi	11,58	12 (1)
Ipomoea mombassana	12,49—18,40	15 (2)
Leucas microphylla	11,35	11 (1)
Pluchea dioscoridis	9,81	10 (1)
Rhoicissus revoilli	10,60	11 (1)
Rhus natalensis	9,04—14,75	12 (6)
Sida cunefolia	13,67	14 (1)
Solanum incanum	30,28	30 (1)
Bothriochloa insculpta	3,82—16,28	9 (5)
Cynodon dactylon	9,59—28,34	17 (6)
Pennisetum mezianum	5,01—11,53	9 (3)
Themeda triandra	4,37—11,91	9 (4)

7.00 und 19.00 verbrachten die Dikdik 6/12 der Zeit ruhend, zwischen 19.00 und 7.00 nur 5/12 der Zeit ruhend. Sie sind aber deutlicher nachtaktiv als es diese Zahlen zeigen; in der Zeit, die sie am Tage auf sind, ziehen sie nicht weit, während sie in der Nacht lange Strecken zurücklegen (s. Abb. 12).

b. Ernährung

Dikdik ernähren sich vor allem von Kräutern, Sträuchern, strauchhohem Baumnachwuchs und Früchten, im Beobachtungsgebiet hauptsächlich aus den Familien *Mimosaceae, Papilionaceae, Capparidaceae, Malvaceae* und *Anacardiaceae.* Daneben äsen sie aber auch Gras und Pflanzen aus vielen anderen Familien. Ein Überblick über das Angebot an Futterpflanzen für das gesamte Beobachtungsgebiet findet sich bei Hendrichs 1970. Im engeren

Untersuchungsgebiet der Soit ol Modison Kopjes (Pflanzenangebot s. S. 26 f.) waren die Hauptfutterpflanzen deutlich folgende: *Solanum incanum* (Abb. 14), *Solanum dennekense* (Abb. 5 c), *Indigofera volkensii, Indigofera basiflora* (Abb. 5 e), *Hibiscus aponeurus* (Abb. 13), *Hibiscus flavifolius* und *Microglossa oblongifolia* (Abb. 5 d). Diese Pflanzen stehen in einzelnen, dichten Ständen in einem Gürtel um die Kopjes (s. Abb. 5). Jede Art kommt zwar in allen Revieren vor, aber in sehr unterschiedlicher Menge (s. Tab. 9), so daß die Dikdik benachbarter Reviere überwiegend von anderen Pflanzenarten leben können. Futterpflanzen, von denen Dikdik in anderen Gegenden des Beobachtungsgebietes häufigästen, sind in Tab. 10 angegeben.

Die Ernährung hängt nicht nur von der Futter*menge* ab, sondern auch vom Proteingehalt des Futters, der jahreszeitlich stark schwanken kann. Wiederkäuer brauchen (wie die *Macropodidae* mit ähnlichem Vormagen und die Nager mit Caecum) keine komplexen Proteine, da diese – und ebenso manche Vitamine – von den Vormagen-Bakterien synthetisiert werden.

French u. a. (1956) ermittelten, daß Cerviden sich am besten fortpflanzen und am besten wachsen bei einem Proteingehalt der Futterpflanzen ab 13 % des Trockengewichtes. 7 % Proteingehalt des Trockengewichtes brauchen sie zum Überleben. Tab. 11 gibt die Proteinwerte einiger Dikdik-Futterpflanzen in verschiedenen Jahreszeiten an (nach Dougall u. a. 1964). Der relativ hohe Proteingehalt dieser Futterpflanzen in der Trockenzeit ermöglicht es der Dikdikgeiß, in dieser ernährungsmäßig härtesten Jahreszeit ein Kitz zu säugen (zu Anfang) und ein anderes zu tragen.

Meist äsen die Dikdik auf allen Vieren stehend vom Boden bis in etwa 60 cm Höhe, nur sehr selten sahen wir sie sich auf die Hinterläufe aufrichten (Abb. 13). Sie erreichen dann mit dem Äser eine Höhe von etwa 110 cm.

Abb. 13 Zum Äsen (von *Hibiscus aponeurus*) sich auf die Hinterläufe aufrichtendes Dikdik. (W_2; 11. 1. 1969)

Durch die schnellen Bewegungen des kleinen Kauapparates wirkt das Äsen häufig hastig rupfend. Manchmal aber ziehen die Dikdik auch wählerisch von einer Pflanze zur anderen und rupfen nur bestimmte Teile – Knospen, Blüten, Früchte oder junge Blätter – ab. Die als giftig geltenden gelben, runden *Solanum*-Früchte nehmen sie mit Vorliebe.
Die Früchte der Feigenbäume sammeln sie unter dem Baum eifrig auf. Ein Bock verließ dafür in der Reifezeit der Früchte sogar regelmäßig sein Revier und zog unter den einzigen im Nachbarrevier stehenden Feigenbaum (*Ficus sonderi*) und nahm dort die Früchte auf – solange der Nachbarbock nicht erschien und ihn vertrieb.
Lustig sieht es aus, wenn ein Dikdik am Ende einer sich windenden Pflanze (z. B. *Rhynchosia*) zu äsen beginnt: es schlingt und kaut Blätter und Stengel herunter, und vor ihm aus dem Gras heben sich immer weitere Teile der Pflanze; wie an einer Schnur gezogen, die in seinem Äser verschwindet, zieht das Dikdik der Kriechpflanze nach.

c. Ruhe und Körperpflege

1. Wiederkauen

6 Stunden am Tag verbringen die Dikdik mit Wiederkauen; meist sind sie dabei niedergetan, aber in den Stunden vor Sonnenaufgang, bei stürmischem, regnerischem Wetter oder bei Störungen kauen sie auch stehend wieder. Mit 25–80 Schlägen, etwa 100/min (90–130/min), kauen sie den hochgewürgten Ballen. Der Unterkiefer holt dabei meist vom zweiten Schlag an nach der dem ersten Schlag gegenüberliegenden Seite aus; ein Tier ließ manchmal beim Wiederkauen die Zunge aus dem Äser hängen.

Tabelle 12 Ruhe- und Aktivitätszeiten dreier Ungulaten (h/24 h).

Verhalten	Wasserbock (Spinage 1968) ♂♂	Wasserbock (Spinage 1968) ♀♀	Wasserbock (Spinage 1968) Mittel	Dikdik	Elefant (Hendrichs s. S. 134) ♂♂
äsend	15,0	1,05	12,5	7,5	16,0
wiederkauend	4,5	5,0	5,0	6,0	
ruhend, nicht wiederkauend	2,5	3,5	3,0	7,0	5,0
auf, nicht äsend	1,5	5,0	3,5	3,5	3,0
	23,5	24,0	24,0	24,0	24,0

Abb. 14 Putzen. a: Halskratzen mit Hinterlauf (Äser an *Solanum incanum*; W_2; 11. 1. 1969) b: Nibbeln an Innenkeule (W_2; 11. 1. 1969)

2. Ruhen

Im Vergleich zu anderen Huftieren (Tab. 12) verbringen die Dikdik einen sehr großen Zeitraum (7½ Stunden) niedergetan, ohne wiederzukauen. Meist liegen sie dabei aufrecht mit offenen oder halbgeschlossenen Augen und wechseln nach einiger Zeit (15–60 min) die Seite, auf der sie sitzen. Minutenlang legen sie auch den Kopf vorne auf und schließen die Augen. Sitzend sind die Dikdik sehr schwer auszumachen, meist sieht man zuerst nur das große Auge, noch herausgehoben durch den weißen Augenring.

3. Körperpflege

Kopf und Hals kratzen sich die Dikdik mit den Hinterläufen (Abb. 14a), die anderen Körperstellen beknabbern sie mit dem Äser (Abb. 14b).
Sie recken sich mit einem Katzenbuckel oder indem sie die Hinterläufe nach hinten ausstrecken und dabei die Hinterhand erniedrigen, der Schwanz wird steil nach oben gehalten.
Um die besonders in der Regenzeit zahlreichen Fliegen zu vertreiben, lassen sie ein wellenförmiges Zittern über das ganze Fell laufen, zucken mit Ohren und Schwanz und mit Vorder- und Hinterläufen. Das zuckende Anheben der Vorder- und Hinterläufe hilft ihnen auch gegen Ameisen.
Die Körperpflege der Jungtiere durch die Geiß ist in Abschn. IV c beschrieben.
Die beobachteten Dikdik scheuerten und wälzten sich nie.

In den heißen Mittagsstunden stehen die Dikdik häufig hechelnd, mit etwas vorgeschobener Zunge im halbgeöffneten Äser. Manchmal gähnen sie dabei.

d. Gefahrenvermeidung

Bei der großen Zahl ihrer Raubfeinde (s. S. 29) ist es erstaunlich, wie gut die revierinhabenden Dikdik überleben. Verschiedene Umstände helfen dabei.

1. Die Dikdik besitzen ein verblüffendes Beschleunigungsvermögen. Aus dem Stand erreichen sie in wenigen Sätzen eine Geschwindigkeit von über 40 Stundenkilometern.
2. Sie kennen in ihren kleinen Revieren jeden Tritt und setzen bei Gefahr blitzschnell von einem Revierteil in den anderen, durch Dickichte und Felsgeröll, durch die ein revierfremdes gleichgroßes Tier nicht so schnell findet.
3. Die Dikdik haben scharfe Sinne und sind sehr wachsam. Über den Teil ihres Reviers, der unter Wind liegt, können sie sich meist optisch oder akustisch orientiert halten.
4. Dabei nützen ihnen die Mitbeutetiere sehr. Besonders solche, die mit lauten Alarmschreien auf Raubfeinde reagieren, wie die Klippschliefer, die von ihren Felsblöcken kläffen, oder die Perlhühner, die einen Raubfeind, den sie entdeckt haben, gellend zeternd umkreisen. Meist wird das z. B. dem Leoparden zu viel und er schreitet davon, häufig durch die zeternden Perlhühner hindurch, als ob sie Luft wären.

Punkt 4 hilft den Dikdik besonders gegenüber ihren Hauptraubfeinden, den Katzen (Leopard, Serval, Karakal), die ihre Beute mit einem Satz zu schlagen suchen und nach einem Fehlsprung meist aufgeben. Außerdem geben diese Tiere die Jagd in der Regel auf, sobald sie gesehen werden, d. h., wenn gewarnt wird. Gegen andere Raubfeinde, die ihre Beute verfolgen und hetzen (Hunde), hilft ihnen vor allem das Gelände (Punkt 2).

Gegenüber den beiden Arten von Raubfeinden zeigen die Dikdik ein unterschiedliches Verhalten: erblicken sie einen Leoparden, der durch ihr Revier zieht oder in einem Baum des Reviers aufgebaumt ist (Abb. 15 c), so sichern sie zuerst einige Sekunden erstarrt zu ihm hin, springen dann in sichere Entfernung – bei einem aufgebaumten Leoparden u. U. nur 40 m von ihm entfernt – und bleiben dort pfeifend stehen, in der Habachtstellung der Abb. 15 d. Bei jedem nasal an- und abschwellenden Pfiff zieht sich die verlängerte Oberlippe unter dem Unterkiefer nach unten (Abb. 15 b). Die Geiß fängt manchmal wieder an zu äsen, aber der Bock läßt den Leoparden, solange er im Revier ist, nicht aus den Augen und pfeift immer wieder in Abständen. Wenn der Leopard nach Stunden weiterzieht, steht der Bock lange ganz erschöpft da.

Sehen sie dagegen eine Hyäne in ihrem Revier oder im weiteren Umkreis, so

Abb. 15 Sichernde und warnende Dikdik. a: Geiß sichert (Nachbardikdik) b: Bock (M_3) pfeift, etwa 30 m von aufgebaumtem Leoparden (c) stehend (1. 10. 1968) c: aufgebaumter Leopard (Baum: *Ficus sonderi*) d: Bock (links) und Geiß behalten aufgebaumten Leoparden im Auge

ducken sich die Dikdik sofort zu Boden, verharren geräusch- und bewegungslos und lassen die Hyäne u. U. auf 30 m vorbeiziehen, ohne abzuspringen. Wenn sie abspringen, pfeifen sie nicht dabei.
Dikdik reagieren auf die Warnlaute anderer Tiere, auch wenn diese nicht gefährlichen Tieren gelten; wenn z. B. Klippschliefer kleinere Raubvögel anschreien, setzen die Dikdik ins Dickicht.
Dikdik und Klippspringer antworten beide mit Flucht auf plötzliche Bewegungen des anderen, auch wenn diese im Spiel und nicht erschreckt ausgeführt wurden.
Es ist erstaunlich, wie wenig sich die Dikdik durch den Geländewagen stören lassen, während Fußgänger auf weite Entfernung Flucht verursachen.

e. Laute

5 verschiedene Laute der Dikdik wurden gehört.
Bei weitem der häufigste ist der im vorigen Abschnitt beschriebene, riedbockähnliche *Warnpfiff*. Man hört ihn täglich, vom Bock häufiger als von der Geiß; ein warnender Bock kann über fünfzigmal in 5 Minuten pfeifen.
Bei einer leicht beunruhigten Dikdikfamilie hört man manchmal wispernde Kontaktlaute, die etwas wie angesetztes, aber zurückgehaltenes *leises Pfeifen* klingen.
Nur wenige Male hörten wir das rehähnliche *Angstfiepen*: z. B. von einer Geiß, die ins Nachbarrevier gezogen war, als sie vom Revierinhaber scharf über die Grenze zurückgetrieben wurde; und von einem Jungbock, der vom Altbock vertrieben wurde.
Einen noch größeren Schreck verrät das hasenähnliche *Quäken*, das ein Dikdik z. B. ausstößt, wenn man es fängt. Einmal hörten wir es auch von einem Jungbock, der vom Revierinhaber gejagt wurde.
Beim Äsen *prusten* die Dikdik manchmal. Es erinnert ans Pferdeschnauben und hat – anders als bei Topi und Kongoni – keine Warnfunktion.
Einen 6. Laut der Dikdik »sahen« wir nur: die Alte ruft das abgelegte Kitz. Wir sahen die Alte den Laut ausstoßen (s. S. 67), hörten ihn jedoch nie.
Die Jungtiere im Zoo Hannover stießen vom 4. Tag an einen hohen, dünnen Laut aus und folgten den Rufen des Wärters (Dittrich 1967).

IV. Fortpflanzung

a. Paarungs-, Trag- und Setzzeiten

Dikdikgeißen setzen zweimal im Jahr nach einer Tragzeit von 170 bis 174 Tagen (Anon. 1948; Kellas 1955; Dittrich 1967) ein einzelnes Kitz. Sie wer-

Tabelle 13 Beobachtungen zur Setzzeit der Dikdik.

Beobachtungszeitpunkt	Beobachtung	erschlossene Setzzeit
1. 8. 1968	K_5 ist 1—2 Monate alt	Mitte Juni 1968
13. 8. 1968	K_1 gleich alt wie K_5	Mitte Juni 1968
15. 8. 1968	Jungbock mit büschelhohen Spießen (ca. dreimal so lang wie die von K_5 mit 6 Monaten)	Mitte 1967
17. 9. 1968	ca. 3 Monate altes Kitz ($\leq K_5$)	Ende Juni 1968
	ca. 4 Monate altes Kitz ($\geq K_5$)	Anfang Juni 1968
27. 9. 1968	Geiß ohne geschwollenes Euter mit Foetus von 180 g	Ende 1968
25. 10. 1968	Jungbock mit über halb büschellangen Spießen, etwa doppelt so hoch wie bei K_5 mit 6 Monaten	Ende 1967 / Anfang 1968
13. 12. 1968	W_2 hat gesetzt	Anfang Dezember 1968
25. 12. 1968	W_5 hochtragend	
2. 1. 1969	W_5 hat 2—3 Tage altes Kitz	30./31. 12. 1968
5. 1. 1969	W_4 hat ca. 1 Monat altes Kitz	Anfang Dezember 1968
29. 3. 1969	W_3 hat ca. 1 Monat altes Kitz	Anfang März 1969

Zwischen 10. 2. 1967 und 10. 5. 1969 bei den beiden Alten gesehene halbwüchsige Junge (jedes nur einmal gezählt; außerhalb Masai Kopjes).

1967		1968	
2. 67	Retima	10. 2. 68	Banagi Chini
2. 67	Retima	10. 2. 68	Banagi Chini
2. 67	Banagi Chini	20. 3. 68	Banagi Juu
10. 3. 67	Seronera	16. 8. 68	Togoro
3. 67	Banagi Juu	9. 68	Oloserian (Ridge)
3. 67	Retima (Banagi)	25. 10. 68	Seronera
7. 67	Nyaraswiga	9. 68	Nyamakachowe
10. 67	Retima	9. 68	Mareo
26. 8. 67	Banagi Chini		
20. 9. 67	Banagi Juu	1969	
20. 9. 67	Banagi Juu	30. 3. 69	Oloserian (Ridge)
		30. 3. 69	Oloserian (Tom)
		13. 4. 69	Oloserian (Lab. 1)

den also etwa 10 Tage nach dem Setzen wieder gedeckt. Da die Geiß so kurz nach dem Setzen wieder gedeckt wird, hat frühzeitiger Verlust des Kitzes keinen Einfluß auf den Termin der nächsten Tragzeit.
Die Paarungs- und Setzzeiten sind jahreszeitlich gebunden. Im Gebiet Shinyanga (Kellas 1955) liegen sie im Juni, Juli und im November, Dezember. Die von uns beobachteten Setzzeiten gibt Tabelle 13 an. Sie häufen sich ebenfalls im Juni und im Dezember. Bei solchen Setzzeiten fällt auf, daß die

Tabelle 14 Beobachtungen zur Jugendentwicklung der Dikdik. M. = Monate

Zeitpunkt	Alter	K_5 Verhalten	Alter	KK_5 Verhalten
Mitte Juni 1968		wird gesetzt		
Mitte Juli 1968	1 M.	trifft Geiß nur zum Saugen; zieht noch nicht mit der Alten		
Mitte August 1968	2 M.	hört auf zu saugen, (M_5 vertreibt frechen Jungbock aus dem Revier) wird jetzt häufiger zusammen mit Alten gesehen, wenn die Alten getrennt ziehen, bleibt es bei der Geiß		
Mitte September 1968	3 M.	zieht auch allein im Revier herum, Augendrüse noch nicht sichtbar		
Mitte Oktober 1968	4 M.	M_5 vertreibt Nachbargeiß von Reviergrenze, mit K_5 gleichaltriges Kitz K_1 (♀) jedoch nicht		
Mitte November 1968	5 M.	K_5 hat 1 cm lange Spieße in Büschel versteckt, markiert erstmals mit Augendrüse (Bock danach am gleichen Halm); Geiß tragend		
Mitte Dezember 1968	6 M.	2 cm lange Spieße; Geiß hochtragend; K_5 mehr mit dem Bock zusammen als mit der Geiß		
30./31. Dezember				wird gesetzt
Anfang Januar 1969	6,5 M.	1/2 büschellange Spieße; scharrt noch nicht beim Nässen; in manchen Situationen gegenüber dem Bock Demutstellung; kämpft spielerisch mit der Geiß, der Bock fährt dann dazwischen		saugt viermal täglich, insgesamt 7—8 Minuten, ist nur etwa 1 Stunde am Tag mit der Alten zusammen
5. 1. 1969				beginnt erstmals zu äsen
Mitte Januar 1969			0,5 M.	saugt weiter viermal am Tag, bleibt länger mit der Alten zusammen, etwa 3 Stunden am Tag
13. 1. 1969		hält der nässenden und kotenden Geiß Äser an After und flehmt anschließend erstmals, scharrt beim Nässen, umspringt den Bock oft mit Kapriolen		
16. 1. 1969		beginnt sachte zu fegen, setzt in flachen Sätzen		
Anfang Februar 1969	7,5 M.	minutenlang um die Alten ist vertrieben		
Mitte Februar 1969			1,5 M.	saugt nicht mehr

Lebensbedingungen für die beiden Kitze in den ersten Monaten sehr verschieden sind. Im Gebiet Shinyanga wie in unserem Beobachtungsgebiet beginnt die kleine Regenzeit Ende November, und die große Regenzeit endet im Mai. So wird ein Kitz gegen Ende der großen Regenzeit gesetzt, wenn das Gras noch hoch, schon trocken, aber noch nicht verbrannt ist. Es verbringt die ersten Lebensmonate in verbrannter Vegetation, die 5 Monate keinen nennenswerten Regen erhält (vgl. S. 25). Das andere Kitz wird in der kleinen Regenzeit gesetzt; das Gras ist schon grün und hoch und bleibt es für die nächsten 5 Monate.

Nach 6 Monaten sind die Kitze geschlechtsreif (Kellas 1955); im Alter von 7–10 Monaten verlassen sie das Revier der beiden Alten (vgl. Tab. 14), und mit 12 Monaten sind sie ausgewachsen (Kellas 1955).

Im Zoo von Hannover beobachtete Dittrich (1967) 6 Geburten. Der Bock war bei der Geburt dabei und störte die Geiß nicht. Die Geiß fraß die Nachgeburt.

Das Kitz saugte innerhalb der ersten 15 Minuten zum ersten Mal.

Die Kitze wogen bei der Geburt 560 bis 795 g und zwar waren die 2 Bockkitze (725 g, 795 g) schwerer als die Geißkitze (560–680 g). Nach 3 Wochen hatten die Kitze ihr Geburtsgewicht verdoppelt.

Ein Kitz war nach 4 Monaten halb so groß wie die adulten Tiere, nach 8 Monaten ebenso groß, aber noch nicht so schwer und nach 12 Monaten auch so schwer wie adulte Tiere.

Die Hörner, die man schon nach 4 Wochen zu spüren begann, waren nach 2 Jahren voll ausgewachsen.

Der Bock trieb die Junggeiß erstmals, als sie 9 Monate alt war.

b. Paarungsverhalten

Den Beginn des Paarungsverhaltens beobachteten wir einige Male kurz: der Bock treibt die Geiß mit am langen Hals nach vorne gehaltenem Äser, er bleibt ab und zu bis 5 m zurück und schließt dann mit einigen Schnellschritten wieder auf. Wenn die Geiß stehenbleibt, zieht er langsam in angespannter Haltung mit nach vorn gehaltenem Äser vor. Wenn er die Hinterseite der Geiß berührt, bleibt er stehen, rückt sie nicht weiter, schiebt er die Äserspitze in die durch den hochgestellten Schwanz geöffnete Hauttasche vor dem After der Geiß. Nach dem Herausziehen hebt er die Äserspitze an und flehmt, Oberlippe und Rüssel angezogen, Oberkiefergaumen sichtbar; so kann er bis 60 Sekunden stehen, ehe er den Äser schließt, schluckt und mit dem Rüsselende hin und her fährt und der Geiß weiter folgt.

Einen Deckakt haben wir nicht gesehen. Simonetta (1966) beschreibt ihn für Tiere der Art *Madoqua phillipsi*.

Tabelle 15 Saug-, Aktivitäts- und Ruhezeiten eines Dikdikkitzes.

Datum	KK_5 ist zusammen mit der Geiß Tageszeit (LZ)	Min.	saugt Min.	saugt Sek.	wird anal geleckt Min.	wird anal geleckt Sek.	liegt allein Tageszeit (LZ)	Std.	Min.
2. 1. 69	19^{14}—19^{23}	9	1	—			19^{23}—0^{57}	5	34
18^{00} bis	0^{57}— 1^{14}	17	2	30			1^{14}—6^{37}	5	23
3. 1. 69	6^{37}— 6^{48}	11	1	55					
9^{30}									
5. 1. 69	18^{15}—18^{55}	40		60					
7. 1. 69	7^{25}—	15		75					
	nach 7^{40}								
9. 1. 69	7^{16}— 7^{45}	29		50					
	18^{56}—								
	nach 19^{15}	19		100		75			
						60			
11. 1. 69	6^{45}—								
	nach 7^{30}	45		95	2	15			
						25			
16. 1. 69	7^{16}—								
	nach 8^{00}	44		40					

c. Aufzuchtverhalten

Bis einige Wochen vor dem Setzen ist das Euter der Geiß hautfarben und am lebenden Tier nicht zu sehen – außer, wenn die Geiß ausnahmsweise zum Äsen auf den Hinterläufen steht (s. S. 57). Nur an dem sich etwas ausfüllenden Dreieck zwischen Hinterkeule und Flanke sieht man, ob die Geiß tragend ist. Einen auffallend großen Bauchumfang bekommt sie nie. Ein bis zwei Wochen vor dem Setzen färbt sich die Euterhaut schwarz, und das Euter beginnt stark zu schwellen. Es wird sichtbar, wenn die Geiß den Hinterlauf zum Kratzen hebt oder ihn ziehend oder stehend nach hinten hält. Nach dem Setzen sind die 4 schwarzen Zitzen fingerdick und ca. 4 cm lang. Verliert die Geiß das Kitz, so schwillt das Euter schnell wieder ab. Einen Setzakt haben wir nicht gesehen. Das jüngste Kitz, das wir beobachteten, war höchstens 3 Tage alt.

In den ersten Tagen nach dem Setzen sind Geiß und Kitz in 24 Stunden weniger als eine Stunde zusammen. Viermal in 24 Stunden trifft die Alte das Kitz, einmal bei Sonnenaufgang zwischen 6.30 LZ und 7.30, das zweite Mal mittags zwischen 12.00 und 14.00, das dritte Mal bei Sonnenuntergang zwischen 18.30 und 19.30 und das vierte Mal um Mitternacht zwischen 24.00 und 1.30. Die Geiß bleibt 10 bis 15 Minuten mit dem Kitz zusammen, säugt es dabei 50 bis 150 Sekunden lang und legt es dann bis zur nächsten Saugzeit wieder ab. Als Beispiel gibt Tab. 15 die Zeiten für eine Beobachtungsdauer von 24 Stunden.

Zwischen den Saugzeiten zieht die Geiß allein oder mit dem Bock und / oder dem vorigen Kitz in gewohnter Weise durch das Revier, äst, ruht und kaut wieder (s. S. 58). Rückt eine Saugzeit heran, äst sie langsam auf den Ablegeplatz zu. Häufig sind Bock und Altkitz dabei und tun sich in der Umgebung des Ablegeplatzes nieder und kauen wieder; d. h. die Geiß legt das Kitz häufig in der Nähe eines Ruheplatzes ab.
Wenn die Geiß etwa 10 m von dem abgelegten Kleinkitz entfernt ist, fiept sie einige Male. Man erkennt dies, auch ohne es zu hören, an dem sich über den Unterkiefer nach unten ziehenden Rüsselende und dem gleichzeitig vorstoßenden Äser. Das Kleinkitz kommt dann und beginnt sofort, heftig zu saugen. Es läuft dabei unter dem Äser der Geiß her, die es damit kurz berührt.
Dem heftigen Saugstoßen des Kitzes, 100 Stöße pro Minute, gibt die Geiß durch einseitiges Hochheben der Hinterhand nach.
Das erste Mal saugt das Kitz bis 90 Sekunden, im spitzen Winkel zur Geiß stehend. Die Geiß zieht dann weiter und schiebt das Kitz, wenn es noch zu saugen versucht, mit dem vorgehenden Hinterlauf weg; manchmal gelingt es dem Kitz, noch einige Male für wenige Sekunden zu saugen. Im ganzen saugten die beobachteten Kitze nie länger als 150 Sekunden in einer Saugzeit. Zwischen dem Saugen leckt die Geiß das Kitz anal, auch von hinten zwischen den Hinterläufen, wahrscheinlich wenn es sich um ein Bockkitz handelt.
Das Kitz rast dann einige Minuten in Bahnen um die Geiß oder auch um den Bock herum, oder unter deren Bäuchen hindurch und springt dabei in Kapriolen bis zur Kopfhöhe der Alten in die Luft. Dann folgt es der Alten, die es von den anderen wegführt und in der Nähe des Ablegeplatzes stehenbleibt; das Kitz sucht den Ablegeplatz selber auf und tut sich nieder. Die Geiß sichert noch einige Zeit hinüber und zieht dann zurück zu den anderen.
Nach einigen Tagen nimmt die Geiß das Kitz auf eine größere Entfernung mit und legt es an einem neuen Ort ab. Danach wechselt der Ablegeplatz ständig. Die genauen Stellen, an denen es sich niederlegt, wählt das Kitz jeweils selber. Bei Gefahr ist die Geiß in der Lage, das Kitz aus einer Entfernung von über 20 m zum Niedertun zu veranlassen.
Nach einer Woche beginnt das Kleinkitz an Halmen und Blättern zu knabbern, und nach 2–3 Wochen äst es richtig. Nach etwa 6 Wochen saugt das Kitz kaum noch, und es bewegt sich immer selbständiger im Revier. Dabei schließt es sich dem Bock genauso häufig an wie der Geiß. Wenn nach 6 Monaten das nächste Kitz gesetzt wird, ist das vorige meist noch im Revier, wird aber bald darauf vertrieben.

Tabelle 16 Zuwachs und Verlust in der Dikdikpopulation der Soit ol Modison Kopjes.

in Revier:	I	II	III	IV	V	Bemerkungen
Juli und August 1967	M_1 W_1 K_0*)					*) Jungbock mit büschellangen Spießen
Juli bis November 1968	M_1 W_1 K_1*)	M_2 W_2	M_3 W_3	M_4 W_4	M_5 W_5 K_5*)	*) geboren Mitte Juni
Mitte Dezember 1968	M_1 W_1 K_1	M_2 W_2 KK_2**)	M_3 W_3	M_4 W_4 KK_4**)	M_5 W_5*) K_5	*) hochtragend **) geboren bis Mitte Dezember
Ende Dezember 1968	M_1 W_1 K_1	M_2 W_2 KK_2	M_3 W_3	M_4 W_4 KK_4	M_5 W_5 K_5 KK_5*)	*) geboren am 30. oder 31. 12. 1968
Anfang Januar 1969	M_1*)	M_2 W_2**)	M_3 W_2	M_4 W_4 KK_4	M_5 W_5 K_5 KK_5	*) K_1 ist umgekommen oder vertrieben, W_1 umgekommen (wurde nicht mehr gesehen) **) KK_2 ist umgekommen, Kitz wurde nicht mehr gesehen (Euter der Geiß schwillt ab)
Anfang Februar 1969	M_1	M_2 W_2	M_3 W_3**)	M_4 W_4 KK_4	M_5 W_5 KK_5*)	*) K_5 wird vertrieben **) W_3 hochtragend
März bis Mai 1969	M_1	M_2 W_2	M_3 W_3 KK_3*)	M_4 W_4 KK_4	M_5 W_5 KK_5	*) geboren Anfang März

d. Populationsdynamik

Die Geißen der bekannten Dikdikpaare (1968: 5, 1969: 4) setzten in zwei Zuchtperioden (≧) 7 Kitze, von denen 4 (ein fünftes war gegen Ende der Beobachtungszeit gut zwei Monate alt) heranwuchsen (s. Tab. 16). Von den 10 alten Dikdik kam im Beobachtungsjahr nur eines um. Die Zahlen sind zu klein, um von ihnen verallgemeinern zu können. Sie werden hier nur herangezogen, um die Populationsdynamik der Dikdik grob zu veranschaulichen. Es ergibt sich etwa folgendes Bild: 80–100 % der adulten ♀♀ setzen zweimal im Jahr ein Kitz, von diesen Kitzen werden etwa 50 % aufgezogen und verlassen das Revier, das sind 80–100 Kitze von 100 ♀♀ im Jahr. Wenn nur 10–20 % der Revierinhaber im Jahr umkommen und die Population nicht wächst, können nur 30–40 % der das Revier verlassenden Jungtiere Revierinhaber werden, und die restlichen 60–70 % müssen umkommen, das sind 75–90 % der geborenen. Die Sterblichkeit der Jungtiere innerhalb und außerhalb des Reviers ist also bedeutend größer als die der Reviere haltenden adulten Tiere.

Bei einer Sterblichkeit der in einem Revier lebenden Dikdik von 10–20 % im Jahr würden die Reviere von den Dikdik 5–10 Jahre gehalten werden. In Gefangenschaft wurden 2 Dikdik über 9 Jahre alt (Anon. 1948; Ziegler-Simon 1957). Wie alt sie im Freiland werden, ist unbekannt. Kronenducker sollen bis 20 Jahre alt werden (Wilson, schriftl. Mitt. an P. Jarman).

Die vielen Jungtiere, die jährlich aus den Revieren vertrieben werden, könnten eine weit größere Zahl von Revierstellen besetzen als frei werden. Sie stellen ein Potential der Population für Katastrophenfälle (Fluten, Dürre, Epidemien) dar, bei denen größere Zahlen von Revierinhabern umkommen. Um dieses biologische Potential ungeschmälert zu erhalten, ist es wichtig, umgekommene ♀♀ möglichst schnell zu ersetzen. Nach unseren Beobachtungen werden fehlende ♂♂ weit schneller ersetzt als ♀♀; eine Reihe von Böcken leben in ihren Revieren allein.

E. Zusammenfassung

1. Das Sozialsystem, das Verhalten und die Ökologie der Kirkdikdik im Gebiet der Serengetisteppe in Nordwesttanzania, Ostafrika, wurden untersucht.
2. Die 10 Tiere eines Gebietes von 25 ha und deren Jungtiere sind individuell bekannt, und ihre Schicksale wurden über ein Jahr (ein Paar 2 Jahre) verfolgt.
3. Dikdik leben in Dauerpaaren in Dauerrevieren von 5–30 ha Größe.
4. Nur der Bock verteidigt das Revier gegen fremde Böcke und Geißen und vertreibt eigene und fremde herangewachsene Jungtiere. Die Geiß vertreibt höchstens die eigenen herangewachsenen Junggeißen.
5. Fünf beobachtete heftige Kämpfe waren derartig ritualisiert, daß sich die Böcke dabei nicht berührten.
6. Im ganzen Revier sind Astenden oder Halmspitzen mit Voraugendrüsensekret markiert.
   Die Strecken der Reviergrenze, an denen sich die Nachbarn am häufigsten begegnen, sind durch Kotstellengebiete markiert.
7. Diese Kotstellengebiete werden von beiden Reviernachbarn auf verschiedenen Stellen benutzt. Die Tiere eines Reviers benutzen ihre Stelle hintereinander in einem bestimmten Zeremoniell.
8. Dikdik können sich olfaktorisch individuell erkennen.
9. Methoden zur Dichtebestimmung werden erörtert.
10. Die mögliche Entstehung von Paar- und Revierbindung wird diskutiert.
11. Dikdik leben von Kräutern und Sträuchern und sind von Wasser unabhängig. Die Futterpflanzen wurden gesammelt und bestimmt.
12. Die Dikdik sind vorwiegend nachtaktiv. Ihre Tagesperiodik und die täglichen Verhaltensweisen werden beschrieben.
13. Die genaue Kenntnis der kleinen Reviere mit dichten Gebüschhorsten und viele Mitbeutetiere helfen den Dikdik gegen die zahlreichen Raubfeinde.
14. Zweimal im Jahr, im Juni zu Ende der großen Regenzeit und im Dezember in der kleinen Regenzeit, setzt die Geiß ein einzelnes Junges.

15. In den ersten Tagen nach der Geburt treffen sich Geiß und Kitz nur viermal in 24 Stunden, zusammen weniger als eine Stunde. Die übrige Zeit verbringt das Kitz abgelegt in einem Gebüschhorst.
Nach einer Woche beginnt das Kitz zu äsen, und nach 7 Monaten ist es herangewachsen und wird vertrieben.
16. Die Populationsdynamik wird besprochen.

Summary

1. The social organisation, behaviour, and ecology of Kirk's Dikdik in the area of and around the Serengeti Plains in Northwestern Tanzania, East Africa, were studied.
2. The population of an area of 25 ha – 10 adult animals and their offspring from two seasons – is known individually and was watched for one year (two animals for two years).
3. Dikdik live all their life in the same pairs in the same territories of 5–30 ha.
4. Only the male defends the territory against other males and females and chases off grown up offspring. The female may chase away her grown up female young.
5. All five observed fights between males were so ritualised, that the fighting animals did not touch each other.
6. Over the whole territory the tips of small branches are marked with preorbital gland secretion.
The parts of the territory boundaries on which neighbours meet most often are marked by dung areas.
7. These dung areas are used by both neighbours at different places. Each family uses a dungplace in the dungplace area one after another in a ceremonial way.
8. Dikdik are able to recognize each other individually by smell.
9. Methods to estimate densities are discussed.
10. The way in which pairbonds and territories may originate is discussed.
11. Dikdik are mainly browsers and independent of water; foodplants were collected.

12. Dikdik are predominantly nocturnal. The activity patterns are described.
13. The intimate knowledge of the small territories together with the numerous co-prey-species enable the dikdik to evade the plentiful predators.
14. Twice a year – in June at the end of the long rainy season and in December in the short rainy season – the female brings one young.
15. In the first days after parturition female and young only meet four times in 24 hours, and are together far less than one hour. The rest of the time the young lays down in a thicket.
    After a week it begins to feed on solid material and after seven mounths it is grown up and chased away by the parents.
16. Population dynamics are discussed.

F. Literatur

Anderson, G. D., und L. M. Talbot (1965): Soil factors affecting the distribution of the grassland types and their utilization by wild animals on the Serengeti plains, Tanganyika. J. Ecol. *53*, 33–56.

Anon. (»The Warden«) (1948): Life cycle of a captive dikdik. East African Standard vom 14. 5.

Ansell, W. F. H. (1968): *Artiodactyla* (Excluding the genus *Gazella*), in: Preliminary Identification manual for African Mammals, hrsg. v. J. Meester. Smithson. Inst. U. S. Nat. Mus., Washington D. C. 20560.

Dittrich, L. (1967): Breeding Kirk's dik-dik *Madoqua kirki thomasi* at Hannover Zoo. International Zoo Yearbook 7, London, 171–173.

Dougall, H. W., V. M. Drysdale und P. E. Glover (1964): The chemical composition of Kenya browse and pasture herbage. E. Afr. Wildl. J. *2*, 86–121.

Drake-Brockman, R. E. (1911): On Antelopes of the Genera *Madoqua* and *Rhynchotragus* found in Somaliland. Proc. Zool. Soc. London *IV*, 977–984.

– (1930): A Review of the Antelopes of the Genera *Madoqua* and *Rhynchotragus*. Proc. Zool. Soc. London *I/II*, 51–57.

French, C. E., L. C. Mc Ewen, N. D. Magruder, R. H. Ingram und R. W. Swift (1956): Nutrient requirements for growth and antler development in the white-tailed deer. J. Wildl. Mgmt. *20*, 221–232.

Goddard, J. (1967): Home range, behavior, and recruitment rates of two black rhinoceros populations. E. Afr. Wildl. J. *5*, 133–150.

Grant, I. H. St. J., (1954): Report on human habitation of the Serengeti National Park. (photokopiertes Manuskript, SRI).

Greenway, P. J. (1966): A Check list of the Plants recorded in the Serengeti National Park, Tanzania. (maschinengeschriebenes Manuskript, SRI).

Günther, A. (1880): Description of a new Species of Dwarf Antelope (*Neotragus*). Proc. Zool. Soc. London, 17–22.

Haltenorth, Th., und W. Trense (1956): Das Großwild der Erde und seine Trophäen. Bonn–München–Wien (Bayerischer Landwirtschaftsverlag).

Hendrichs, H. (1970): Schätzungen der Huftierbiomasse in der Dornbuschsavanne nördlich und westlich der Serengetisteppe in Ostafrika nach einem neuen Verfahren und Bemerkungen zur Biomasse der anderen pflanzenfressenden Tierarten. Säugetierkdl. Mitt. *18*, 237–255.

Hollister, N. (1924): East African mammals in the United States National Museum, Part III. *Primates, Artiodactyla, Perissodactyla, Proboscidea*, and *Hyracoidea*. Smithson. Inst., U. S. Nat. Mus. Bull. *99*, Washington.

Houston, D. C. (1967): A short survey of vertebrate animals living on the rock

outcrops of the Serengeti National Park, Tanzania. (maschinengeschriebenes Manuskript, SRI).
Kellas, L. M. (1955): Observations on the reproductive activities, measurements, and growth rate of the Dikdik (*Rhynchotragus kirkii thomasi* Neumann). Proc. Zool. Soc. London *124*, 751–784.
Kurt, F. (1964): Beobachtungen an den ostäthiopischen Antilopen: *Madoqua kirki, Strepsiceros strepsiceros chora, Strepsiceros imberbis, Oryx beisa beisa, Gazella soemmering(i) erlang(er)i, Litocranius walleri.* Vierteljahresschr. Naturforschend. Ges. Zürich, Jg. *109*, 143–162.
Lamprey, H. F. (1964): Estimation of the large mammal densities, biomass and energy exchange in the Tarangire Game Reserve and the Masai Steppe in Tanganyika. E. Afr. Wildl. J. *2*, 1–46.
Lönnberg, E. (1912): Mammals collected by the Swedish Zoological Expedition to British East Africa 1911. K. Svensk. Vet. Akad. Handl. *48*.
Lydekker, R. (1926): The Game Animals of Africa. 2. Aufl., bearb. v. J. G. Dollman, London (Rowland Ward).
Matschie, P. (1895): Die Säugethiere Ost-Afrikas, in: Die Thierwelt Ost-Afrikas, hrsg. v. K. Moebius, Berlin (Reimer).
Misonne, X., und J. Verschuren (1966): Les Rongeurs et Lagomorphes de la region du Parc National du Serengeti (Tanzanie). Mammalia *30* (4), 517–537.
Neumann, O. (1905): SB. Ges. naturf. F. Berlin, 14. März 1905.
Oelkers, F. (1950): Beiträge zur Kenntnis der Zwergantilopen. D. Zool. Garten *17*, 141–152.
Ogilby, W. (1836): On the generic characters of Ruminants. Proc. Zool. Soc. London 1836, 131–140.
Pickering, R. (1958): The geology of the Ol Doinyo Gol. Rec. geol. Surv. Tanganyika *6*, 35–37.
– (1959): The Serengeti Plains. Rec. geol. Surv. Tanganyika 7, 11–13.
Roosevelt, Th., und E. Heller (1922): Life histories of African game animals II, London (John Murray).
Sachs, R. (1967): Liveweights and body measurements of Serengeti game animals. E. Afr. Wildl. J. *5*, 24–36.
Simonetta, A. M. (1966): Osservazioni etologiche ed ecologiche sui Dik-Dik (gen. *Madoqua; Mammalia, Bovidae*) in Somalia. Monitore Zoologico Italiano *74*, Supplement, 1–33.
Simpson, G. G. (1945): The principles of classification and a classification of mammals. Bull. Am. Mus. Nat. Hist. *85*, New York.
Spinage, C. A. (1968): A quantitative study of the daily activity of the Uganda defassa waterbuck. E. Afr. Wildl. J. *6*, 89–93.
Swynnerton, G. H. (1958): Fauna of the Serengeti National Park. Mammalia *22*, 435–450.
Swynnerton, G. H., und R. W. Hayman (1951): A checklist of the land mammals of the Tanganyika Territory and the Zanzibar Protectorate. J. E. Afr. Nat. Hist. Soc. *20* (6 und 7), 274–392.
Thenius, E., und H. Hofer (1960): Stammesgeschichte der Säugetiere. Berlin, Göttingen, Heidelberg (Springer).
Thomas, O. (1894): On the Dwarf-Antelopes of the Genus *Madoqua.* Proc. Zool. Soc. London, 323–329.
Tinley, K. L. (1969): Dikdik *Madoqua kirki* in South West Afrika: Notes on Distribution, Ecology and Behaviour. Madoqua *1*, 7–33.
Turner, M. I. M., und R. M. Watson (1965): An introductory study on the ecology

of the hyrax (*Dendrohyrax brucei* and *Procavia johnstoni*) in the Serengeti National Park. E. Afr. Wildl. J. *3*, 49–60.
Vesey-Fitzgerald, D. F. (1964): Mammals of the Rukwa Valley. Tanganyika Notes and Records *62*, 61–72.
Walther, F. (1968): Ducker, Böckchen und Waldböcke, in: Grzimeks Tierleben, Bd. 13, Säugetiere 4, Zürich (Kindler).
Ziegler-Simon, J. (1957): Beobachtungen am Rüsseldikdik, *Rhynchotragus kirki* Gthr.). D. Zool. Garten (N. F.) *23*, Heft 1/3, 1–13.

Freilandbeobachtungen zum Sozialsystem des Afrikanischen Elefanten, Loxodonta africana (Blumenbach, 1797)

Von Hubert Hendrichs

Meinem verehrten Lehrer Konrad Lorenz in Dankbarkeit gewidmet

Aus dem Serengeti Research Institute Seronera (Beitrags-Nr. 77) und dem Max-Planck-Institut für Verhaltensphysiologie Seewiesen

A. Einleitung

Die noch im Pleistozän sehr gattungsreiche und weltverbreitete Ordnung der Rüsseltiere oder Proboscidier (Thenius und Hofer 1960) ist jetzt nur mehr durch zwei Gattungen, die Asiatischen und die Afrikanischen Elefanten, vertreten, die größten und längstlebigen rezenten Landsäugetiere.
Der Asiatische Elefant wird seit Jahrtausenden gezähmt gehalten und war deshalb nie bedroht, gänzlich auszusterben, obwohl es im Freiland nur noch etwas über 50 000 Individuen gibt (vgl. Carrington 1958 und Sanderson 1966).
Der Afrikanische Elefant dagegen war um die Jahrhundertwende in Gefahr, von den sich mit immer besseren Schußwaffen ausrüstenden Elfenbeinjägern ausgerottet zu werden. Die dann eingeführten Schutzbestimmungen kamen für Teile Süd- und Westafrikas zu spät, für Zentral- und Ostafrika dagegen noch rechtzeitig. Die Elefantenpopulationen erholten und vermehrten sich, und heute gibt es über 350 000 Afrikanische Elefanten (vgl. Bere 1966).
Durch ihren großen Futterbedarf und vor allem durch die zerstörerische Art zu äsen werden die Elefanten bei fortschreitender Einengung ihres Lebensraumes zum Problem. Ihre an sich biologisch funktionelle Einleitung und Beschleunigung von Vegetationszyklen, wie dem Wechsel von Busch- zu Grasland, kann in begrenzten Gebieten, z. B. Nationalparks, zu unerwünschten Biotopänderungen führen. Aus diesem Grund und weil mit den bei Kontrollmaßnahmen zu Hunderten abgeschossenen Elefanten wertvolles biologisches Material anfällt, wird seit einigen Jahren in Ostafrika an vielen Stellen die Elefantenbiologie und -ökologie untersucht. Vor allem sind das: Altersbestimmung (Johnson und Buss 1965; Laws 1966; Laws 1967; Krumrey und Buss 1968), Fortpflanzungsphysiologie (Perry 1953; Buss und Brooks 1961; Johnson 1963; Short und Buss 1965; Buss und Smith 1966; Short 1966; Roth und Austen 1966; Johnson und Buss 1967a, 1967b; Buss und Johnson 1967), Ernährung (Buss 1961; Dougall 1963; Rees 1963; Lamprey 1963; Napier-Bax und Sheldrick 1963; Dougall und Sheldrick 1964; Dougall, Drysdale und Glover 1964) und Untersuchung des Biotops und der Populationsdynamik (Buechner und Dawkins 1961; Brooks und Buss 1962; Buech-

ner, Buss, Langhurst und Brooks 1963; Petrides und Swank 1965; Buss und Savidge 1966; Lamprey et al. 1967; Laws und Parker 1968).

Dagegen sind Verhaltensbeobachtungen aus dem Freiland selten. In einigen Arbeiten werden einzelne Beobachtungen mitgeteilt, neben den allgemeinen von Nicholson (1955) und Bere (1966) vor allem die Beschreibungen des Paarungsverhaltens durch Wright (1964), Buss und Smith (1966) und Short (1966). Buss (1961) beschreibt und Buss und Smith (1966) definieren die »family unit« als Grundelement der Elefantenpopulation. Buss (1962) stellt fest, daß das früher als Magengeräusch beschriebene Kollern willkürliche Stimmgebung ist.

Zusammen mit den z. T. sorgfältigen Beobachtungen einiger Jäger um die Jahrhundertwende (z. B. Bell, Cummings, Kittenberger, Schillings – die Angaben späterer Jäger sind oberflächlich und unsachlich vermenschlichend, also ziemlich wertlos) stellen sie alles dar, was vom Verhalten des Afrikanischen Elefanten im Freiland bekannt ist. Systematische Untersuchungen oder Beobachtungen gibt es nicht. Kühme (1961, 1963) hat an den drei jungen Elefanten im Kronberger Freigehege eine sehr sorgfältige Verhaltensanalyse durchgeführt.

B. Arbeitsmethoden

Das Max-Planck-Institut für Verhaltensphysiologie, Seewiesen, finanzierte das Forschungsprojekt und stellte Haus und Geländewagen zur Verfügung. Der Direktor der Tanzania National Parks gab die Erlaubnis, in den Nationalparks zu beobachten. Die Zusammenarbeit mit dem Serengeti Research Institute erleichterte die Arbeit wesentlich. Herr H. Kacher, Seewiesen, fertigte die graphischen Darstellungen an. Allen sei für ihre Hilfe herzlich gedankt.

Von Februar 1967 bis Mai 1969 wurden die Elefanten in der Dornbuschsavanne nördlich und westlich der Serengetisteppe in Tanzania, Ostafrika, beobachtet (bis Mai 1968 von der Station in Banagi aus, dann vom Serengeti Research Institute (SRI) aus, 10 km südlich von Banagi, bei Seronera). Das Gebiet von der Fläche Oberbayerns liegt zum größten Teil (Abb. 8) im Serengeti Nationalpark (SNP).
Während des ersten Jahres standen die Elefanten des ganzen Gebietes gleichmäßig unter Beobachtung. Im zweiten Jahr wurden die Untersuchungen auf den Verband von etwa 150 Bullen, die in der Trockenzeit im Seronera-Banagi-Gebiet stehen, konzentriert.
Im Vergleich zu anderen Nationalparks ist die Dichte der Elefantenpopulation im und um den SNP gering (Tab. 1). Auf einer Fläche von über 15 000 km^2 stehen rund 2500 Elefanten (vgl. Abschn. D I). Außerdem sind die Elefanten meist sehr scheu und weniger an den Menschen gewöhnt als in anderen Gebieten. Die Schwierigkeiten, die dadurch für den Beobachter erwachsen, wurden in Kauf genommen, weil es sich andererseits um eine verhältnismäßig natürliche Population handelt, die noch Sozialstrukturen und jahreszeitliche Wanderungen zeigt, die in anderen Parks, in denen Elefanten zahlreicher und weniger scheu sind, nicht mehr deutlich werden.
Von dem zentralen Banagi-Seronera-Gebiet erstreckt sich das Gelände bei wechselnder Breite – maximal 150 km – etwa je 100 km nach Norden und Süden. Durch das nördliche Gebiet geht eine Allwetterstraße, die nur tageweise in der Regenzeit durch hochwasserführende Flüsse nicht befahrbar ist. Nach Süden führt eine Spur, die nur in der Trockenzeit befahrbar ist. Von

Tabelle 1 Dichte der Elefanten in verschiedenen Gebieten Ostafrikas (grobe Richtwerte).

Gebiet	Jährlicher Regenfall (cm)	Größe des Gebietes (km²)	Anzahl der Elefanten	Dichte der Elefanten (Elefant/km²)
Manyara National Park, Tanzania (Douglas-Hamilton, mdl. Mitt.)	Grundwasser	80	400	5
Murchison Falls National Park, Uganda (Laws u. Parker 1968)	100	7500	15000	2
Ruaha National Park, Tanzania (Savidge, mdl. Mitt.)	75	10000	20000	2
Tsavo National Park, Kenya (Sheldrick, mdl. Mitt.)	50	30000	20000	0,7
Serengeti National Park, Tanzania (detaillierte Angaben in Tab. 7)	75	15000	2500	$<0{,}2$

diesen und einigen anderen Spuren abgesehen, muß querfeldein gefahren werden. Das geht in manchen Gebieten mit ebenem Boden und geringer Baumdichte bei niedrigem Gras so gut wie auf einer Piste, in anderen Gebieten ist es durch sandige Korongos, erodierte, Geröll- und Sumpfflächen und wasserführende Flüsse sehr erschwert, und weite Umwege werden erforderlich. Wenn diese Umwege durch den Wind der anzufahrenden Elefanten gehen, sind sie zwecklos. In der Trockenzeit (Juni–November) weht ein beständiger Südostwind, das Gebiet ist mit dem Geländewagen fast überall befahrbar, und es ist nicht schwer, unbemerkt an Elefanten zu gelangen und mit ihnen zu ziehen. In der Regenzeit dagegen weicht der Boden an vielen Stellen auf, und Flußläufe lassen sich nicht mehr überqueren; außerdem dreht der Wind ständig, so daß kontinuierliche Beobachtungen vom Boden aus sehr schwierig werden.
Die Elefanten verlassen sich hauptsächlich auf ihren Geruchssinn, der empfindlicher als bei allen übrigen Huftieren des Gebietes ist. Adulte Elefanten sehen sehr schlecht; einen ruhig stehenden Menschen können sie auf 40 m nicht mehr erkennen. Sie sind auch nicht sehr geräuschempfindlich, solange sie ungestört selbst laut sind. Sie reagieren aber auf die Flucht anderer Tiere, besonders den dröhnenden Galopp fliehender Büffel und Giraffen. Wenn sie etwas gemerkt haben, sind sie still und hören dann sehr gut. Daher ist das

Beobachten und Nachfolgen mit dem Wagen auch bei gutem Wind nicht immer möglich.
Folgt man Elefanten zu Fuß, so ist es am wichtigsten, sich ständig über die *Windrichtung* orientiert zu halten. In der Trockenzeit geschieht dies, indem man trockene Erde, Laub oder Huftierlosung in der Hand zerdrückt und zu Boden rieseln läßt; auch der schwächste Windhauch lenkt den Staub etwas aus der Senkrechten ab. In der Regenzeit, wenn alles naß ist, kann man Grassamen, die man von den Halmen abstreift, zur Feststellung der Windrichtung verwenden. Eine dauernde Orientierung über die Windrichtung ist einmal wichtig, um unbemerkt folgen und beobachten zu können, zum anderen auch, um bei einem Angriff sofort in die richtige Richtung laufen zu können, d. h. aus dem Wind des angreifenden und nicht in den Wind von anderen Elefanten. U. U. muß man auf den angreifenden Elefanten zulaufen, um ihm auszuweichen (vgl. Abb. 1). Wenn ein Elefant Wind bekommt, sei es, daß der Wind plötzlich gedreht hat oder daß man einen Elefanten unbemerkt im Wind hinter sich gelassen hat, geht er meist flüchtig ab, ganz selten greift er an. Dann kommt er mit aufgestellten Ohren und herabhängendem Rüssel, meist ohne Stimmgebung, heran. Wenn er dagegen ohrenklappend trompetet, überwiegt die Angst, und er dreht häufig nach einigen Demonstrationswendungen ab, falls man nicht zufällig in seiner Fluchtrichtung steht. Beim Folgen zu Fuß muß man jedoch immer mit einem Angriff rechnen und sich das Gelände zunutze machen, d. h. im Offenen bleiben, oder von der anderen Korongoseite oder von einem Kopje (s. u.) aus beobachten; die Elefanten klettern zwar zum Äsen auf die Kopjes, aber sie greifen nicht auf sie hin an. Ganz selten nur nimmt ein Elefant die Fährte auf, wenn er auf sie stößt. Je nach dem Gelände könnte dies unangenehm werden und u. U. einen Abschuß erfordern; mit Geschick und etwas Glück läßt es sich jedoch vermeiden.

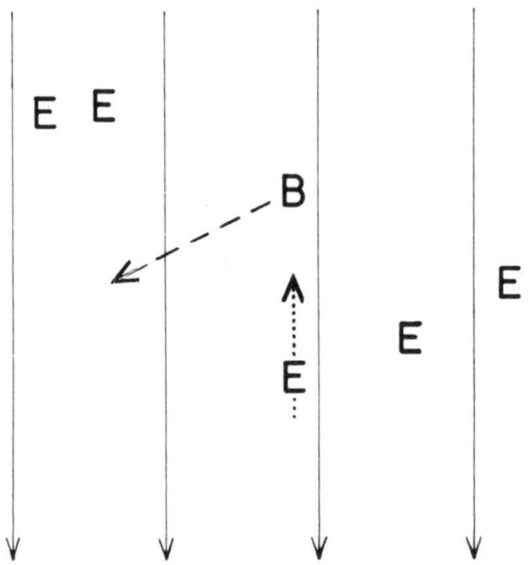

Abb. 1 Ausweichen des Beobachters vor einem angreifenden Elefanten. (E: Elefant, ⟶ : Windrichtung, ····E···> : angreifender Elefant, B: Beobachter, – – > : der richtige Fluchtweg)

In der *Trockenzeit* wurde das Gebiet mit dem Geländewagen nach Elefanten oder frischen Zeichen abgesucht. Ein Massai-Ndorobo-Elefantenjäger half, die Zeichen zu lesen und unbemerkt an den Elefanten zu bleiben. Sobald wir Elefanten sahen oder hörten, wurde der Wagen möglichst schnell aus dem Wind gefahren und in 100–1000 m Abstand, je nach dem Vertrautheitsgrad der Tiere, zurückgelassen. Zu Fuß folgten wir den Elefanten in 50–100 m Abstand. Einzelne Bullen am Seronera wurden so vertraut, daß wir sie tagsüber zu Fuß aus 30 m Abstand beobachteten.
In Vollmondnächten gelang es, mit dem Wagen bis auf 50 m heranzufahren, ohne sie zu stören. Beobachtet wurde mit einem zwölffachen Glas, fotografiert mit einer Edixa-Flex, meist mit einem Kilar 1:3,5-Objektiv, Brennweite 150 mm. Eine Büchse, Holland's 375 Magnum, wurde stets mitgetragen, aber nie benutzt. Manchmal, besonders z. Z. des Vollmonds, gelang es, einige Tage ununterbrochen an einer Elefantengruppe zu bleiben.
In der *Regenzeit* waren vom Boden aus nur kurzfristige Beobachtungen möglich. Daher wurde häufiger eines der Flugzeuge des SRI benutzt, um die Tiere zu lokalisieren und um einen Eindruck von der Herdengröße zu bekommen. Großräumige Bewegungen wurden mit dem Flugzeug verfolgt und aus den Flugzeugbeobachtungen anderer Mitglieder des SRI zusammengesetzt. Vielfach waren die Bewegungen der Elefanten aus den hinterlassenen Zeichen zu ersehen.
Eine wesentliche Voraussetzung für Verhaltensbeobachtungen ist das individuelle Kennen der Tiere. Durch die Verletzungen der Ohren, vor allem deren Ränder, und durch die verschiedenartige Form der Stoßzähne sind die Elefanten natürlich markiert (Abb. 2, vgl. Abb. 13, 17, 18, 19) und leicht individuell kennenzulernen. Bei Abschluß der Beobachtungen waren ca. 280 Tiere individuell bekannt, 180 Bullen (einige der bekannten Tiere waren möglicherweise unter den 11 Bullen, die die Nationalparkverwaltung 1967 abschoß, ohne es mir mitzuteilen) und ca. 100 Kühe (durch die Kühe sind Kuheinheiten und somit eine größere Anzahl von Tieren identifizierbar). Die Tiere erhielten fortlaufende Nummern, häufig wiedergesehene dazu Namen. Sie wurden nach Geschlecht und Größenklassen getrennt in einer Kartei geführt. Bei jeder Wiederbegegnung wurden Zeit, Ort und Zusammensetzung der Gruppe, in der sich das jeweilige Tier befand, notiert und dann das Verhalten möglichst fortlaufend in Notizheften protokolliert, gleichzeitige Beobachtungen an größeren Gruppen gelegentlich auf Tonband gesprochen. Alle Notierungen wurden anschließend in Kartei und Protokollbücher für verschiedene Fragestellungen und Aspekte übertragen. Es ist zu hoffen, daß das weitere Schicksal zumindest einiger dieser Tiere verfolgt werden kann.
Die Pflanzen, von denen die Elefanten ästen, wurden gesammelt und mit Hilfe von H. Braun vom SRI bestimmt. Um einen Eindruck von den jahreszeitlichen Änderungen des Biotops durch Regen und Feuer und von der wech-

selnden Benutzung durch Elefanten und andere Herbivoren zu bekommen, wurden ein Jahr lang monatlich einmal 27 »Transekte«, Strecken von 10 km, in allen Gebieten gefahren und sämtliche Tiere bis hinunter zur Größe eines Dikdik gezählt und der Zustand des Biotops notiert (Hendrichs 1970). Zusammen mit den jährlichen Flugzeugzählungen einiger Herbivoren – Elefant, Büffel, Gnu, Zebra (wissenschaftliche Namen s. S. 29 f.), durchgeführt vom SRI – und weiteren Orientierungsflügen ergaben diese Transekt-Fahrten ein Bild von den jahreszeitlichen Verschiebungen der Elefantenpopulation(en) in Relation zu den Biotopzuständen und den Bewegungen der anderen Herbivoren.

In den zwei Jahren und während eines früheren Afrika-Aufenthaltes (1959) sah ich Elefanten in anderen Biotopen – Urwald, Bergwald, Miombobuschland, Dornbuschsavanne, Grasland, Papyrussumpf – in Rhodesien, Zambia, Uganda, Kenya, im Kongo und im Sudan.

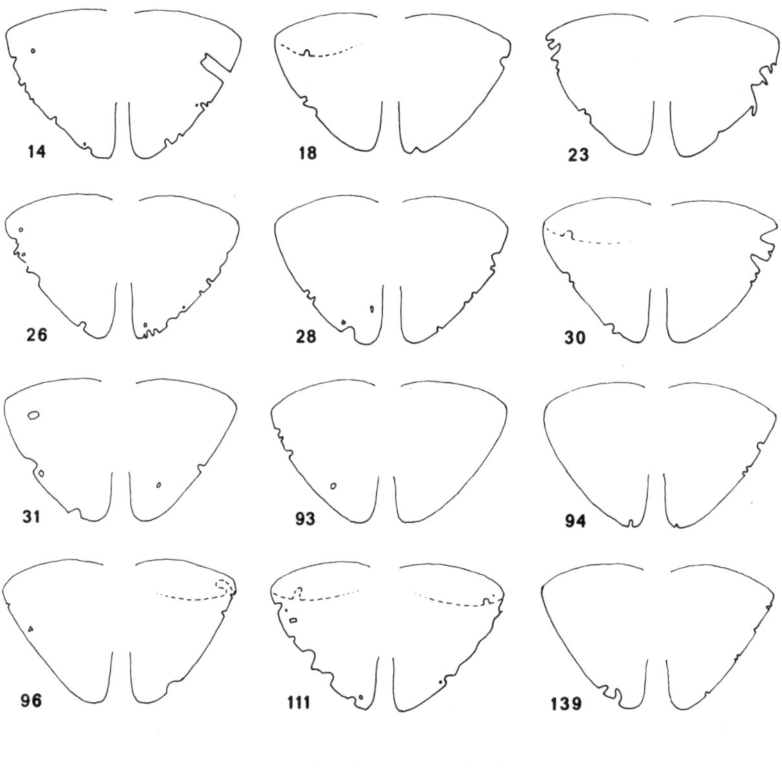

Abb. 2 Die Ohren einiger individuell bekannter Bullen (von hinten gesehen)

C. Systematik, Morphologie und Verbreitung

Die Ordnung *Proboscidea*, Rüsseltiere, wird mit zwei anderen Ordnungen, den Schliefern und den Seekühen, zur Überordnung *Paenungulata*, Fasthuftiere, zusammengestellt (Simpson 1945).
Allen drei Ordnungen ist eine lange isolierte Entwicklung (seit dem Eozän) gemeinsam, alle waren im Tertiär und Pleistozän in großer Artenfülle fast weltweit verbreitet und überleben heute nur noch in wenigen Gattungen (Thenius und Hofer 1960). Alle haben höchst eigentümliche morphologische, ökologische und ethologische Merkmale entwickelt.
Die Elefanten sind die schwersten und größten rezenten Landsäugetiere. Ein adulter afrikanischer Bulle wird 6000 (7000) kg schwer; das ist etwa das Zweieinhalbfache eines Nilpferdbullen (2500 kg) und das Vier- bis Fünffache von Nashorn oder Giraffe. In früheren Erdzeiten gab es wesentlich größere und schwerere Landtiere (z. B. *Brachiosaurus*, 50 000 kg; Carrington 1958). Ein Elefanten-Bulle erreicht nicht ganz 4 m Schulterhöhe und eine Länge von der Rüsselspitze bis zum Schwanzende von 8 m.
Mit aufgestellten Ohren ist der Afrikanische Elefant so breit wie hoch, die Ohren stehen auf beiden Seiten bis über 1,5 m vom Kopf ab. Das in die Ohren einströmende Blut ist um 5 °C wärmer als das abfließende (Bere 1966). Die Bedeutung des auffälligen Rüssels, aus verlängerter Oberlippe und Nase entstanden, ist nicht zu überschätzen. Er ersetzt dem Elefanten Arm, Hand und Finger und als Geruchsorgan das Auge. Genaueres findet sich in Abschn. D III d 1, 4 und 7. Vielleicht nicht so auffällig, aber von fast gleicher Wichtigkeit für den Elefanten, sind die Beine. Die säulenartigen Stempel stehen auf vier Sohlen von zusammen über 1 m^2 Fläche. In die biegsame, weiche Haut der Sohle sind etwa 5 cm große Hornstücke, Dreiecke und unregelmäßige Vierecke, eingelassen. Mit diesen Gehinstrumenten bewältigt der Elefant Sumpfflächen, glatte, schlammige Uferböschungen und felsige Steilhänge besser und schneller, als ein Mensch es könnte.
Von geringerer Wichtigkeit für den Elefanten, aber seit je von großer Faszination für die Menschen, sind die Stoßzähne, die beim Afrikanischen Elefan-

ten von beiden Geschlechtern getragen werden. Bei einem Bullen können sie bis 3,5 m lang und 100 kg schwer werden.
Vier Molaren, je einer rechts und links in Ober- und Unterkiefer, besorgen das Kauen. Sie werden abgenutzt, wachsen ständig nach und werden fünfmal ersetzt. Diese Zahnfolge ermöglicht eine *relative Alterseinteilung*.
Über das *absolute Alter* schwanken die Meinungen zwischen 50 und 150 Jahren. Wahrscheinlich wird der Elefant nicht über 70 Jahre alt. Jedenfalls ist er das längstlebige Huftier, in geringem Abstand folgen Nashorn und Nilpferd.
Fortpflanzungsrate und Populationsdynamik werden mit den Ergebnissen auf S. 95 ff. behandelt.
Der Afrikanische Elefant lebt in einer Vielzahl von Biotopen in ganz Afrika südlich der Sahara. Im Norden und Süden ist er in weiten Gebieten ausgerottet. In Ostafrika (1,7 Millionen km²) gibt es ca. 200 000 Elefanten. Jährlich werden einige 10 000 kg Elfenbein versteigert (zu etwa 10–30 DM/kg) und einige hundert Abschüsse verkauft. Diese Einnahmen sind jedoch zu gering, um wirtschaftliche Bedeutung zu haben. Der Tourismus ist dagegen für diese Länder von großem wirtschaftlichen Wert. Die Bedeutung der Elefanten für den Tourismus wird unterschiedlich beurteilt. Einige sehen die Elefanten als besondere Touristenattraktion, andere mehr als die Zerstörer der Biotope der übrigen, die Touristen anziehenden Säugetierarten (s. Abschn. D I und Abschn. D III d 5).

D. Ergebnisse

I. Biotop

Das Beobachtungsgebiet liegt in Ostafrika, 1500 m über dem Meer, etwa 2° südlich des Äquators, zwischen dem Ostufer des Viktoriasees und der Seen-Kraterkette (Natronsee, Ngorongorokrater, Eyasisee) des Großen ostafrikanischen Grabenbruches nördlich und westlich der Serengetisteppe und gehört zum großen Teil zum Serengeti National Park (SNP; s. Abb. 8). Im Norden geht es bis zu den Mau-Aberdare-Hochländern, im Süden bis zum besiedelten Shinyangagebiet. Es liegt in den Provinzen Mara, Maswa, Musoma und Nordmassai Tanzanias und im Narokdistrikt Kenyas. Das ganze Gebiet ist etwa so groß wie Bayern, es wurde z. T. nur überflogen. Der Teil, in dem die Elefanten regelmäßig beobachtet wurden, ist ungefähr so groß wie Oberbayern, 15 000 km^2. Es besteht überwiegend aus Dornbuschsavanne mit bis zu 10 m hohen Bäumen (Abb. 3, 7, 10, 13 c, 15 b), unterbrochen von Mbugas (kleinen *Themeda-Pennisetum-Panicum*-Grassteppen), Kopjes (Erosionsreste, bestehend aus zimmer- bis hausgroßen Granitblöcken mit eigenem Pflanzengürtel und besonderem Mikroklima) und Buschinselland (mit Buschhorsten bewachsene Termitenhügelreste von einem Durchmesser bis zu 50 m, die Überflutungsgelände in der Nähe von großen Flüssen überragen). Das wellige Land ist von Bergrücken bis wenig über 2000 m ü. M. durchzogen.

An den das ganze Jahr über Wasser führenden großen, dem Viktoriasee und damit dem Nil zufließenden Flüssen (vor allem Mara, Grumeti, Orangi, Mbalageti, Simiyu und Duma, Abb. 8) steht Galeriewald (Abb. 13, 18). Das ganze Gebiet wird von Korongos – in der Trockenzeit austrocknenden Seitenbächen – durchzogen (Abb. 15 b). Soweit die Korongos Quellen haben, füllen diese in der Trockenzeit nur einzelne Lachen mit stark salzhaltigem Wasser (Pearsall 1957). In der Regenzeit – von Dezember bis Mai – fallen 75–100 cm Regen, der häufig wolkenbruchartig niedergeht und die Korongos schnell anfüllt. Nach dem Ende der Regenfälle im Juni beginnt das hochgeschossene Gras bald auszutrocknen und wird in den folgenden Wochen durch Steppenfeuer fast ganz abgebrannt. Die »sekundäre Dornbuschsavanne« ist ein von jährlichen Feuern offengehaltenes Buschland.

In diesem Buschland stehen im Jahresmittel über eine Million Huftiere, die eine Biomasse von über 75 Millionen Kilogramm ausmachen (5000 kg/km²; genauere Angaben über Regenmenge, Pflanzen- und Tierarten finden sich bei Hendrichs 1970).
Die Biomasse der Elefanten (ca. 4×10^6 kg, vgl. Tab. 7) macht davon nur etwa 5 % aus. Und nimmt man noch die anderen Herbivoren – Nager, Vögel, Insekten – hinzu, so wird der Biomasseanteil der Elefanten (als Maß für den Futterbedarf) noch wesentlich geringer.
Am stärksten geprägt wird das Bild des Gebietes durch die Hunderttausende von Gnus, Zebras und Thomson-Gazellen mit ihren jährlichen Wanderungen. Die Trockenzeit verbringen diese Arten im Buschland im Nordwesten des SNP. Mit Beginn der ersten Regenfälle im November ziehen sie nach Südosten in die Kurzgraszone der Serengetisteppe (s. Abb. 8, vgl. Grzimek und Grzimek 1960, Talbot 1956). Am Ende der großen Regenzeit, Ende Juni, wandern die Herden zurück ins Buschland.
Um das großartige Naturphänomen dieser Wanderungen zu erhalten, wurde der SNP geschaffen, der seit 1959 in seinen heutigen Grenzen besteht. Vorher war die Steppe von den Massai bewohnt, und das Buschland war wegen der durch die Tsetse-Fliegen (*Glossina sp.*) übertragenen Schlafkrankheit nicht besiedelt und wurde nur von einigen Stämmen bejagt, besonders von Ndorobo.
In den letzten Jahren begannen Elefanten, Bäume in der Nähe der Seronera-Lodge umzustoßen. Man bemerkte Elefantenschaden auch in anderen Gegenden des Parks und fing an sich zu fragen, ob der Baumbestand des SNP durch Elefanten bedroht sei. Es wurde gefordert, Elefanten abzuschießen, und behauptet, daß in wenigen Jahren das Buschland des Gebietes zerstört sein könnte.
Nun wird die Situation der Elefanten im SNP m. E. in vier Punkten falsch gesehen.
Man nimmt an (Lamprey, Glover, Turner und Bell 1967; auch Russel ca. 1968):

a) die Elefanten drangen erst nach 1955 in das Gebiet des Parks ein,
b) das Buschland des SNP ist kein Elefantenbiotop,
c) die Elefanten zerstören jährlich über 6 % des Baumbestandes,
d) der Baumbestand wächst nicht in ausreichendem Maße nach.

Zu a): Literaturbelege seit 1880 (s. S. 104) zeigen, daß Elefanten nicht erst 1955 in das Gebiet kamen, sondern wohl immer dort lebten, möglicherweise zu Zeiten in geringerer Zahl als heute.
Zu b): Daß Elefanten seit mindestens 90 Jahren dort leben, heißt, daß das Buschland des SNP Elefantenbiotop ist.
Zu c): Die angegebene Schadrate ist aus zwei Gründen fraglich:

1. Alle toten und entwurzelten Bäume werden den Elefanten zugeschrieben (Lamprey u. a. 1967, Tab. 4, S. 163 und Text auf S. 161), obwohl ein Teil (nach Tab. 3, S. 162, vgl. S. 161) von Menschen gefällt war. Andere Bäume waren sicher vom Wind umgestoßen und von Insekten [1] getötet.
2. Die Anzahl der Jahre, in denen dieser Schaden entstand, wird, da die Elefanten erst seit kurzem im Park seien, auf 5 angesetzt.
   Da die Elefanten auch früher im Park waren (s. S. 103 und 104), beginnt der Schaden nicht mit dem »Eindringen« der Elefanten, sondern ist durch den Zeitraum gegeben, den ein zerstörter Baum noch sichtbar bleibt. Dieser Zeitraum hängt sehr von den Umständen ab und muß durch Untersuchungen bestimmt werden.

Die wirkliche Rate, mit der Elefanten Bäume im Gebiet des SNP zerstören, liegt nach Korrektur der beiden Fehler möglicherweise unter 2 % (für das Seronera-Banagi-Gebiet s. S. 155).

Zu d): Es liegen bisher keine Daten vor, die diese Annahme begründet erscheinen lassen.

Dazu kommt: die Elefantengefahr wird weiterhin dadurch falsch beurteilt, daß Vegetationsschäden durch Elefanten als von vergleichbarer Größe mit denen durch die jährlichen Feuer angenommen werden. Die Experimentierquadrate des SRI, von denen Feuer ferngehalten wird, zeigen:
Hält man das Feuer nur wenige Jahre fern, so entsteht ein Dickicht von Baumnachwuchs; die offene Dornbuschsavanne würde ohne Feuer zuwachsen (Steele, mdl. Mitt.).
Die jährlichen Feuer sind von entscheidender Bedeutung für den SNP und verursachen die gegenwärtige Biotopform. Die Elefanten beeinflussen dagegen das Biotop nur geringfügig, und zwar in der gleichen Richtung wie das Feuer. Die gegenwärtig weniger als 0,2 Elefanten auf 1 km^2 bedrohen die Vegetation des SNP mit seinen 75–100 cm Regen pro Jahr nicht. Diese Dornbuschsavanne trägt wohl einen Elefanten / 1 km^2 (vgl. Glover 1963). Bei größerer Dichte wäre der Elefantenschaden durch gezielte Feuerkontrolle auszugleichen.
Die besondere Situation im Trockenzeitstandortgebiet der Bullen wird in Abschn. D III d 5 behandelt.
Für Ostafrika wird allgemein angenommen, daß Elefanten im Gleichgewicht mit ihrer Umwelt im Vegetationszyklus Baumsavanne – Grasland – Buschland – Baumsavanne usw. den Schritt von der Baumsavanne zum Grasland beschleunigen oder bewirken und dann weiterziehen in ein anderes Baum-

1 Vor allem Termiten und Käfer, einige der holzfressenden Käferarten wurden an anderer Stelle mitgeteilt (Hendrichs 1970).

land, dieses wieder zu Grasland machen, während in dem verlassenen Grasland Gebüsch und Bäume nachwachsen.
Heute ist – nach dieser Vorstellung – der Lebensraum der Elefanten soweit eingeengt, daß sie nach der »Zerstörung« ihres Biotops, des Buschlandes, da sie nicht weiterziehen können, in dem Gebiet bleiben, keinen Baumnachwuchs mehr hochkommen lassen und notgedrungen zum Grasfressen übergehen, dadurch ihre Vitalität verlieren, was zu Populationszusammenbrüchen führen soll (Laws und Parker 1968). Das einzige Mittel sei, die Elefanten überwiegend abzuschießen, so daß die wenigen verbleibenden eine gesunde Population im Gleichgewicht mit ihrem Biotop bilden können.
Für Teile des Murchison Nationalparks trifft dieses Vorstellungsmodell möglicherweise zu (doch ist es so lange her, daß der Baumbestand dort abzusterben begann, daß heute niemand mit Sicherheit sagen kann, ob die Elefanten den Baumbestand allein zerstörten oder ob etwa Insekten, Feuer, Schwanken des Grundwasserspiegels und andere Gründe, wodurch jährlich Baumbestände in vielen Gebieten Ostafrikas absterben, dazukamen).
In allen anderen Gebieten Ostafrikas, für die das Modell behauptet wird, trifft es m. E. die Situation nicht, sicher nicht im Gebiet des SNP.
Für eine nüchterne Beurteilung der Gefährdung und Schädigung eines Biotops durch Elefanten ist es wichtig, zweierlei Schäden auseinanderzuhalten: *ökologische* und *ästhetische Schäden.*
Wenn in der Nähe einer Safari-Lodge Elefanten eine Baumgruppe zerstören, so kann das in ästhetischer Hinsicht im Hinblick auf den Tourismus als katastrophal empfunden werden und doch ohne die geringste ökologische Relevanz für das Biotop sein, in dem an anderer Stelle Bäume in reichlicher Zahl heranwachsen.
Die ökologische Situation hängt ab vom Boden, Grundwasserspiegel, jährlichen Regenfall und Insektenvorkommen. Theoretisch ist sie wissenschaftlich analysierbar. Es ließe sich dann feststellen, ob dieses Gebiet mit so und so viel Regenfall usw. in der Lage ist, mit so und so vielen Elefanten, die nicht wesentlich mehr zerstören als sie fressen, im Gleichgewicht zu bleiben. Noch aber sind die Strukturen der ostafrikanischen ökologischen Systeme zu wenig bekannt. Für keine Baumart liegen bisher genügend Daten vor, um sich ein Bild machen zu können von ihrer Ökologie, d. h. von der Wirkung von Wasser, Feuer, Insekten und auch Elefanten und Wind auf Erhaltung, Zerstörung und Regeneration des Bestandes.
Ein interessantes natürliches Experiment für das Elefantenproblem in Ostafrika bietet das *Tsavo-Gebiet* in Kenya:
Vor wenigen Jahren schienen die Elefanten zusammen mit einigen Dürrejahren den Baumbestand zu gefährden. Als den Dürrejahren einige regenreiche folgten, zeigte sich aber, daß die Elefanten nur das Dickicht aufgelokkert hatten. Das heute offene Buschland trägt eine größere Huftierfauna als

vorher, und die Elefanten lassen die Bäume stehen und ernähren sich überwiegend von Gras und Sträuchern (Sheldrick, mdl. Mitt., vgl. Agnew 1968). Hier bietet sich die Möglichkeit, abwartend zu beobachten, ob die Vitalität der Elefanten abnimmt und zu einem Zusammenbruch der Population führt. Wenn das der Fall sein sollte, wäre es m. E. eine wesentlich natürlichere Lösung des Problems, als 5000–10 000 Elefanten abzuschießen; keineswegs ist es ein Grund für eine solche Lösung.

Zusammenfassend:

Es wird nicht behauptet, daß nirgendwo in Ostafrika Elefanten ihr Biotop ernstlich schädigen oder zerstören. Wo dies der Fall ist, sind Abschüsse angemessen. Die Schäden aber, die am meisten Empörung hervorrufen, sind nur ästhetischer Art. Bisher werden in Ostafrika noch alle Baumschäden in Elefantenbiotopen den Elefanten zugeschrieben, obgleich eine Reihe von abgestorbenen Beständen sicherlich nicht von Elefanten zerstört wurde und andere von Elefanten nur im Zusammenhang mit weiteren Faktoren – Feuer, Insekten, Wasser – zerstört werden.
Das Elefantenproblem muß in Zukunft im Zusammenhang mit der Ökologie der betroffenen Baumarten untersucht werden.

II. Sozialsystem

Man sieht Elefanten einzeln und in Gruppen.
Der erste Schritt auf dem Wege zu Aussagen über die Sozialstruktur ist, die Zusammensetzung der Gruppen nach *Geschlecht* und *Alter* festzustellen.
Gleichalte Kühe und Bullen sind durch Größe und Stoßzähne leicht voneinander zu unterscheiden; dagegen ist es u. U. sehr schwierig, Jungbullen und Kühe zu unterscheiden, da sie in Größe und Stoßzähnen übereinstimmen und die äußeren Geschlechtsorgane von Bullen und Kühen gleich aussehen.
Als Maß für die Alterseinteilung der beobachteten Elefanten wurde die Schulterhöhe genommen. Bezugsebenen bildeten die Schulterhöhen der Jungkühe mit dem ersten Kalb (etwa 2,50 m), die Schulterhöhen der adulten Kühe (etwa 3 m) und die Schulterhöhen der alten Bullen (um 3,50 m). Die Tiere konnten nicht vermessen werden. Einige Male wurden Höhen an Baumstämmen gemessen, die der Schulterhöhe vorbeiziehender oder sich an ihnen scheuernder Elefanten entsprachen. Eine andere Möglichkeit zur Alterseinteilung bilden die verschieden alten Nachkommen der gleichen alten Kuh, die mit ihr zusammen ziehen (s. u.) und deren Alter um etwa den gleichen Zeitraum (ca. 5–7 Jahre, s. u.) auseinanderliegen werden. In manchen Fällen geben auch Stoßzahngröße, Ranghöhe und soziale Rolle Hinweise auf das Alter eines Tieres.

Tabelle 2 Einteilung der beobachteten Elefanten in Alters- bzw. Größenklassen. (Die Alters-, Größen- und Gewichtsangaben sind grobe Schätzwerte, die, ohne Eigenwert zu besitzen, nur die relativen Altersklassen beschreiben helfen sollen.)

Altersklassen Nr.	Bezeichnung	Beschreibung		Alter in Jahren	Schulterhöhe (cm)		Gewicht (kg)		Bullenklasse	Stoßzahnlänge in Rüsselbreiten	Stoßzahngewicht (kg)
		♀	♂		♀	♂	♀	♂			
1	Kleinkalb	zahnlos, andere Farbe als die älteren Tiere		1	100	100	120				
2	Kalb	zahnlos, von gleicher Farbe wie die älteren Tiere		1—2(3)	100—125	100—125	120—300		A	0—2	0—5
3	juveniles Tier	Kalb mit sichtbaren Stoßzähnen		3—8	125—200	125—225	500—1000				
4	immatures Tier	halbwüchsiges, noch nicht geschlechtsreifes Tier		5—15	200	250	1000—1500		B	0,5—2,5	2,5—10
5	matures Tier	geschlechtsreifes Tier, u. U. mit Kalb, deutlich kleiner als ad. Kuh	geschlechtsreifes Tier von der Größe einer adulten Kuh	10—25	225	300	1500—2000	1500—3000	C	1,0—1,5	5—20
6	jungadultes Tier	junge Kuh, größer als mature Kuh	deutlich größer als altadulte Kuh	20—35	250	325	2500	3500	D	1,5—2,5	10—40
7	adultes Tier	voll ausgewachsen, größer als jungadultes Tier		30—45	250—300	—350	2750	4500	E	2,0—3,5	20—60
8	altadultes Tier	altes Tier, aber noch mit leitender Funktion		40—55	über 300	350—375	3000	5000 (—6000)	F	2,5—5,5	30—80
9	seniles Tier	abständiges Tier, zieht häufig allein		55				5000	G	2,5—6,5	40—100

Nach diesen Kriterien wurden die beobachteten Elefanten nach Geschlecht getrennt in 9 Altersklassen (Tab. 2) eingeteilt. Daraufhin ließen sich folgende Sozialeinheiten erkennen:

Einzelbulle

Bullengruppe:	2–25 sich zeitweise koordiniert bewegende Bullen,
Bullenverband:	-zig bis Hunderte untereinander bekannter Bullen (alle aus einer Population?), die in ständig wechselnder Gruppierung in der Regenzeit Kuheinheitenverbände begleiten oder in der Trockenzeit ein bestimmtes Gebiet durchstreifen,
Kuheinheit:	2 (seltener 3, sehr selten 1) adulte Kühe mit ihrem Nachwuchs, (4–) 10–20 (–25) Tiere, die ständig zusammenhalten; adulte Bullen sind nicht dabei,
Kuheinheitengruppe:	sich zeitweise, auch langfristig, koordiniert bewegende Kuheinheiten, (20–) 30–60 (–80) Tiere, die ihre Koordination auch in größeren Verbänden beibehalten und häufig von Bullengruppen begleitet werden,
Kuheinheitenverband:	in der Regenzeit zusammenziehende Kuheinheitengruppen, die von mitziehenden Bullengruppen und Einzelbullen umgeben sind, (100–) 200–300 (–400) Tiere,
Konzentration:	sich in der Regenzeit kurzzeitig (zu größeren gemeinsamen Wanderungen) zusammenfindende Kuheinheitenverbände und ein Bullenverband, u. U. eine ganze Population, (200–) 500 bis über 1000 Tiere,
(Sub-)Population:	alle Kuheinheiten, die ein bestimmtes Gebiet in der Trockenzeit bewohnen und sich in der Regenzeit zu Verbänden zusammenschließen und in diesen gleichgerichtete Wanderungen – zusammen mit ihrem Bullenverband – unternehmen.

Bei diesen Sozialeinheiten fallen einzelne Tiere durch besonderes Verhalten auf. In einem Alters- und Rangsystem führen sie bestimmte Rollen aus (s. Abschn. D III c).

a. Kühe

1. Sozialeinheiten

Die Bausteine einer Elefantenpopulation sind die Familien-, Kuh- oder

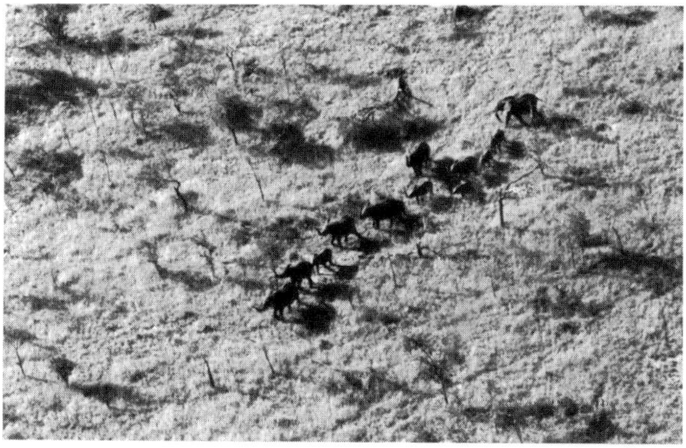

Abb. 3 Kuheinheit in der Dornbuschsavanne. (Gestört sichernd, Endkuh »deckt Rückzug«; Luftaufnahme SRI, Mai 1967)

Zuchteinheiten, die ständig eng zusammenhalten (Abb. 3). Buss und Smith (1966, S. 376) definieren:
»The term family unit refers to an adult female and its offspring, or two or more closely related females and their offspring. These units usually number from 4 to 15 individuals, their activities are closely coordinated, and large bulls seen with them are generally attached loosely and temporarily.«
Eine Elefantenkuh kann theoretisch von ihrem 15. bis zu ihrem 50. Lebensjahr etwa alle 5 Jahre nach 22 Monaten Tragzeit ein Kalb bringen (Laws 1966, 1967). (Reifealter und Kalbungszwischenräume schwanken stark mit Populationsalter, -dichte, Biotop und Regenfall; Laws und Parker 1968).

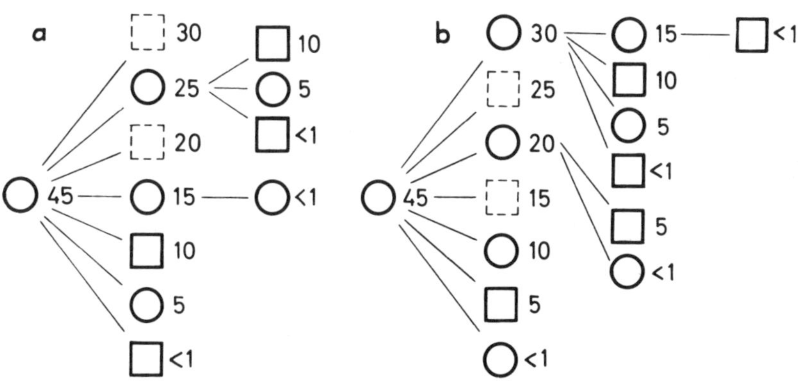

Abb. 4 *Theoretische* Nachkommenschaft einer 45jährigen Kuh. (Annahmen: keine Sterbefälle, Reifealter 15 Jahre, Kalbungsintervall 5 Jahre, regelmäßiger Wechsel von ♀♀- und ♂♂-Kälbern; a: Erstkalb ♂, b: Erstkalb ♀; Zahlen: Alter der Tiere, □: ♂♂ noch in der Kuheinheit, ⬚: ♂♂ nicht mehr in der Kuheinheit, ○: ♀♀, : Geschlecht unbekannt)

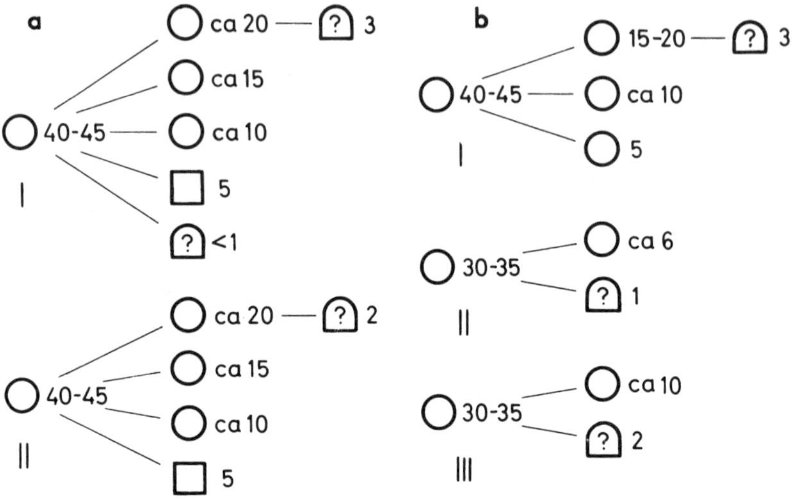

Abb. 5 *Beobachtete* Nachkommenschaft einiger Kühe. (a: Oltuka-Einheit, 2 adulte Kühe, im Oktober 1967; b: Olmatasja-Einheit, 3 adulte Kühe, im Oktober 1967; Zeichenerklärung wie Abb. 4)

Bullen verlassen mit etwa 10 Jahren die Kuheinheit (s. Abschn. D II b). Die theoretische Nachkommenschaft einer 45jährigen Kuh zeigt Abb. 4, die tatsächliche einiger bekannter Kühe dieses Alters ist in Abb. 5 angegeben. In Tab. 3 werden theoretischer und wirklicher Nachwuchs etwa 45jähriger Kühe verglichen. Unter den adulten Tieren sind Nachkommen der alten Kühe (vgl. Abb. 4 und 5). Durch Sterbefälle ist die beobachtete Nachkommenschaft geringer als die theoretische. Außerdem sind in Tab. 3 die altersmäßigen Zusammensetzungen anderer beobachteter Kuheinheiten (mit Leitkühen unterschiedlichen Alters) angegeben.

Bei Ortsveränderungen führt eine alte Kuh, oft die mit dem jüngsten Kalb, eine andere bildet die Nachhut (vgl. Abb. 6). Bei Störungen bleibt diese häufig – sich hin und her wendend – etwas zurück und »deckt den Rückzug« (Abb. 3). Ist eine dritte alte Kuh dabei, so geht sie in der Mitte. Wenn mindestens zwei alte Kühe in einer Kuheinheit sind, ist diese wesentlich manövrierfähiger als mit nur einer alten Kuh. Bei einer Wendung übernimmt die führende Kuh die Nachhut. Zwei erfahrene, ruhige Kühe verhindern leichter als eine einzelne Kuh eine Panik, die bei Jungtieren in Gefahr entsteht und wodurch die Einheit bewegungsunfähig werden kann. Einheiten, die nur aus einer Kuh mit ihrem Nachwuchs bestanden, waren im Beobachtungsgebiet sehr selten und wirkten immer nervös.

Die Größe von 35 beobachteten Kuheinheiten schwankte von 4 bis zu 22 In-

Tabelle 3 Vergleich der theoretischen Nachkommenschaft (ohne Sterbefälle) einer Kuh von ca. 45 Jahren (vgl. Abb. 4) mit der beobachteten Nachkommenschaft dreier Kühe dieses Alters (vgl. Abb. 5) und altersmäßige Zusammensetzung einiger beobachteter Einheiten.
(ad. = adult, juv. = juvenil, immat. = immatur, mat. = matur)

Kuh mit ihrer Nachkommenschaft (in den Kuheinheiten)	Anzahl der Tiere in der Kuheinheit ad.	mat.	immat.	juv.	Kälber	insgesamt
theoretisch (Abb. 4):						
4a	2	1	2	2	0—3	7—10
4b	3	1	2	3	0—4	9—13
	5	2	4	5	3,5	19,5
Mittel	2,5	1	2	2,5	2	10
%	25,6	10,3	20,5	25,6	18	100
beobachtet (Abb. 5):						
5aI	2	1	1	2	1	7
5aII	2	1	1	1	1	6
5bI	1	1	1	2	0	5
	5	3	3	5	2	18
Mittel	1,7	1	1	1,7	0,7	6
%	27,8	16,7	16,7	27,8	11,1	100
beobachtet (Protokoll-Nr.)						
8a	6	3		4	2	15
8b	5	4		2	4	15
10a	4	1	4	4	1	14
10b	3	1	2	2	3	11
12a	3	1	2	3		9
12b	2	2	1	2	1	8
18	4			1	1	6
19	5	2	2	3	2	14
19a	4	1	3	4	5	17
20a	3	2	3	2	2	12
	39	13,5	20,5	25,5	22,5	121
%	32,2	11,1	16,9	21,1	18,7	100

dividuen, im Mittel waren es 11,9. Das Mittel sagt allerdings nicht viel aus, da die Einheiten selten aus einer, überwiegend aus zwei bis drei alten Kühen mit ihrer Nachkommenschaft bestehen (s. o.). Man kann die alten Kühe als Geschwister, deren Mutter starb, auffassen. Da aber das Vorhandensein von mindestens zwei alten Kühen in einer Einheit ethologisch wichtig ist (s. o.), ist es möglich, daß sich auch zwei nicht eng verwandte Kühe mit ihrem Nachwuchs für die Dauer zusammentun.

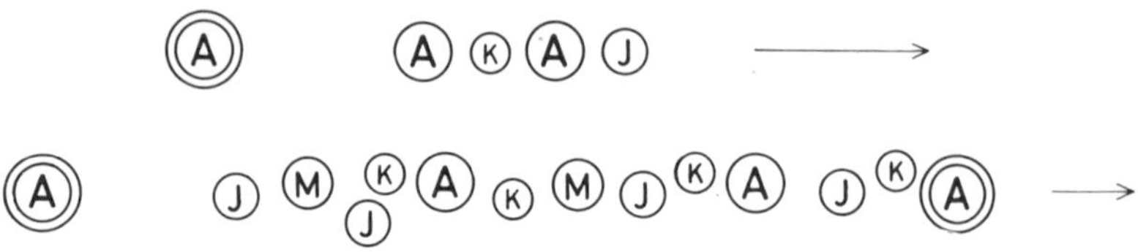

Abb. 6 Zugweise einer Familieneinheit. (A in doppeltem Kreis: Leitkuh, A: jüngere adulte Kuh, M: mature Kuh, J: Jungtier, K: Kalb, —— : Zugrichtung)

In der *Trockenzeit* ziehen die Kuheinheiten allein oder schließen sich mit einer oder zwei, selten bis fünf anderen Kuheinheiten zusammen. Diese Kuheinheitengruppen von bis zu 60 (80) Elefanten bestehen häufig aus ähnlichen Tieren, die wahrscheinlich verwandt sind. In ihnen kann sich die Zugordnung im Gegensatz zu der der Kuheinheit ändern, z. B. können die immaturen und maturen Tiere vorziehen, alle Kälber mit einigen adulten und maturen Tieren ziehen in der Mitte, und den Abschluß bilden die alten Kühe; einzelne Jungbullen ziehen vor, hinter und seitlich der Herde. Ich sah zwei individuell bekannte Kuheinheiten im nächsten Jahr in der gleichen Zusammensetzung wieder. Im Manyara National Park leben die Zuchteinheiten seit Jahren in gleicher Zusammensetzung (Douglas-Hamilton, mdl. Mitt.).
In der *Regenzeit* dagegen bilden sich Konzentrationen von einigen hundert (bis zu 1000) Tieren (Abb. 7). Auch in diesen Konzentrationen halten die einzelnen Einheitengruppen weiter zusammen.

Abb. 7 Konzentrationsteile, aufgegliedert in Einheiten und Einheitengruppen. (In der Dornbuschsavanne; Luftaufnahme SRI, Mai 1967)

Tabelle 4 Größe der beobachteten Herden (Kühe und Kälber).

Größe der Sozialeinheiten (Anzahl der Tiere/Einheit)	Anzahl der beobachteten Einheiten	Gesamtanzahl der in einer Einheit dieser Größe beobachteten Tiere
4	1	4
5	1	5
6	2	12
7	2	14
8	3	24
9	3	27
10	4	40
11	3	33
12	2	24
13	2	26
14	3	42
15	3	45
16	2	32
17	2	34
18	1	18
19	2	38
20	2	40
21	2	42
22	1	22
25	5	125
26	1	26
28	1	28
30	2	60
32	1	32
34	3	102
35	1	35
36	2	72
37	1	37
40	2	80
42	1	42
43	1	43
44	1	44
45	5	225
49	1	49
50	3	150
56	1	56
60	2	120
70	1	70
75	1	75
80	1	80
85	1	85
100	1	100
200	2	400
210	1	210

Tabelle 4 Fortsetzung

300	1	300
350	1	350
400	3	1200
600	1	600
700	1	700
1000	1	1000
	91	7018

Größe der Sozialeinheiten (Anzahl der Tiere/Einheit)	Anzahl der beobachteten Einheiten		Gesamtzahl der in einer Einheit dieser Größe beobachteten Tiere	
1— 5	2		9	
6— 10	14		117	
11— 15	13		170	
16— 20	9		162	
21— 25	8		189	
26— 30	4		114	
31— 35	5		169	
36— 40	5		189	
41— 45	8		354	
46— 50	4		199	
56— 60	3		176	
66— 70	1		70	
71— 75	1		75	
76— 80	1		80	
81— 85	1		85	
96—100	1		100	
		%		%
1—100	80	87,9	2258	32
101—200	2	2,2	400	6
201—300	2	2,2	510	7
301—400	4	4,4	1550	22
501—600	1	1,1	600	9
601—700	1	1,1	700	10
901—1000	1	1,1	1000	14
	91	100	7018	100

In der Trockenzeit wurden in 3 Monaten 633 Tiere in 21 Gruppen von 6 bis 75 Tieren gesehen, im Mittel 30 Tiere pro Gruppe.

In der Regenzeit wurden in 3 Monaten 3980 Tiere in 14 Gruppen von 20 bis 1000 Tieren gesehen, im Mittel 284 Tiere pro Gruppe.

Die Verteilung aller in Kuheinheiten gesehenen Elefanten auf Gruppen verschiedener Stärke zeigt Tab. 4.

Tabelle 5 Die Benutzung des Gesamtgebietes durch die beiden Populationen (vgl. Abb. 8). (R. = Regenzeit, T. = Trockenzeit)

		nördlich des Oberen Grumeti	Teile des Beobachtungsgebietes zwischen Oberem Grumeti und Orangi-Nyabogati	Teile des Beobachtungsgebietes zwischen Orangi-Nyabogati und Mbalageti	südlich des Mbalageti	Gesamtgebiet (ca.)
Fläche (km^2)		4000	3000	3000	4000	15000
Anzahl der Elefanten						
Nordpopulation	R.	300— 500	1000—1200			1500
	T.	700—1000	(< 100)			1000
Südpopulation	R.			(< 100)	700—800	800
	T.			200—300	300—400	600
Gesamtzahl der Elefanten	R.					2300
	T.					1600
Dichte (Elefant/km^2)	R.	0,1	0,4	0	0,2	0,2
	T.	0,2	0	0,1	0,1	0,1
ganzjährig		0,15	0,2	0,05	0,15	0,15

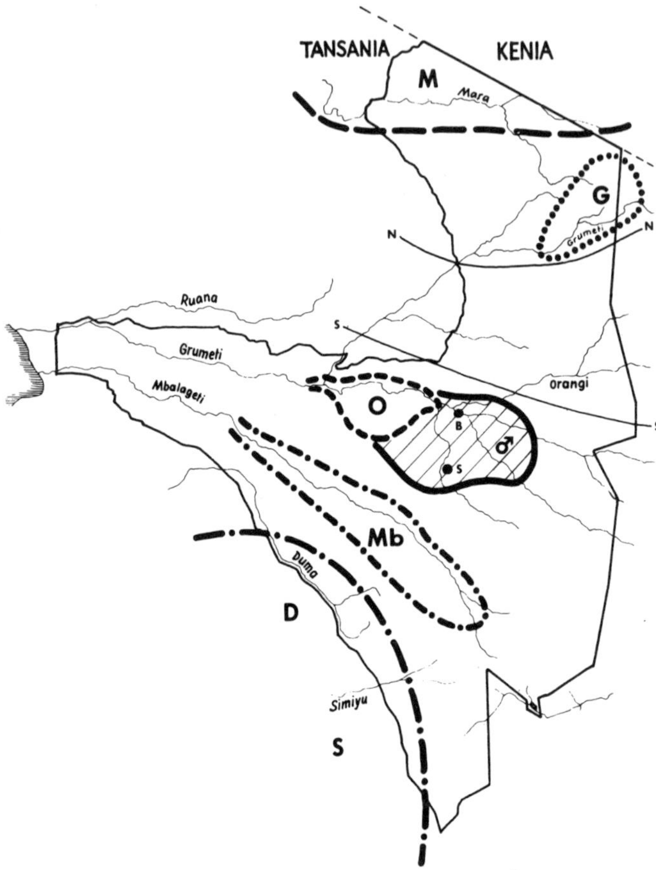

Abb. 8a Verteilung der Elefanten in der Trockenzeit. ( ): Speke-Golf des Viktoria-Sees, —: Grenze des SNP, S: Seronera, B: Banagi, S — S: Nordgrenze der Südpopulation, – – – O: Orangi-Herde, —♂: Seronera-Banagi-Bullenverband, – · – Mb: Mbalageti-Herde, – · – D,S: Rest der Südpopulation am Duma und Simiyu, N — N: Südgrenze der Nordpopulation, · · · · G: Grumeti-Herde, – – M: Hauptteil der Nordpopulation im Maragebiet)

2. Populationen und ihre Bewegungen

Die Verbreitung der Elefanten in der Trocken- und Regenzeit weist darauf hin, daß es sich um zwei Populationen handelt (Abb. 8, Tab. 5). In der Trockenzeit steht die Südpopulation (insgesamt über 750 Tiere) mit einer Herde (ca. 100 Tiere) am Orangi im Norden, am Mbalageti schließen sich etwa 200 Tiere an, und der Rest der Südpopulation steht am Simiyu, Duma und weiter südlich. In der Regenzeit zieht sich die Südpopulation nach Süden zurück, einige Gruppen bleiben am Mbalageti und oberen Mareo, die anderen stehen

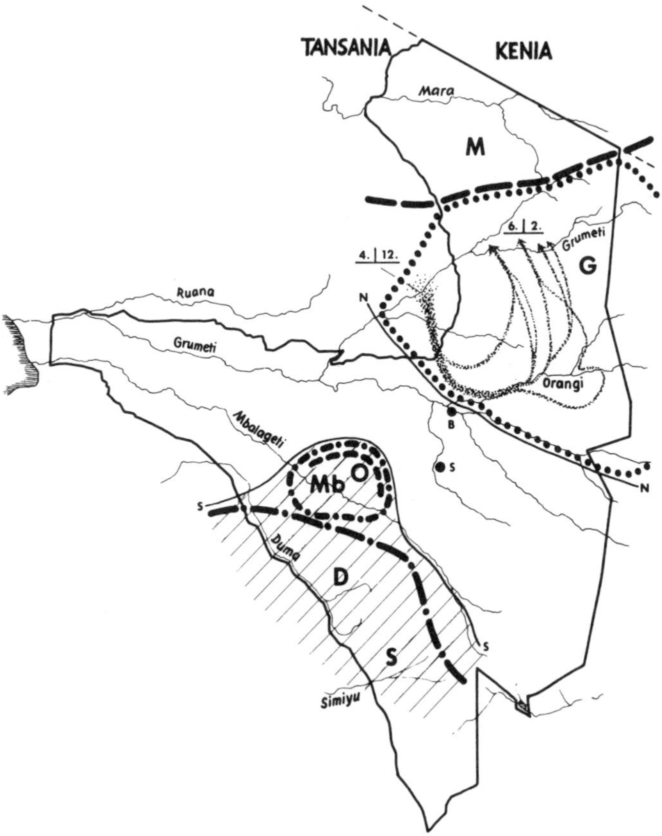

Abb. 8b Verteilung der Elefanten in der Regenzeit. (Zeichen wie Abb. 8a, ···· G: Hauptteil der Nordpopulation im Grumetigebiet, ∴⇢⇢: Bewegungen, Zahlen: Monatsangaben)

am Duma und Simiyu auf der Parkgrenze. Die Nordpopulation – im ganzen über 1750 Tiere – zieht sich in der Trockenzeit nach Norden zum Mara zurück – höchstens 100 Tiere kommen bis zum oberen Grumeti nach Süden. In der Regenzeit zieht sie dagegen weit nach Süden. Eine Konzentration von 500–1000 Tieren zieht westlich der westlichen Parkgrenze nach Süden bis zum Orangi, dann nach Osten in das Bololedi-Gebiet westlich der Bergzüge an der östlichen Parkgrenze, wo sie sich in kleine Gruppen aufspaltet. Diese Regenzeitwanderungen erwähnt bereits Swynnerton (1958), und Downey (s. bei Turner 1966) sah Anfang der 50er Jahre nach der Regenzeit Zeichen

einer großen Herde am Gaboti. Am Grumeti stehen zu der Zeit auch bis 1000 Tiere.
In der Trockenzeit zieht also die Vorhut der Südpopulation bis zum Orangi westlich Banagi, in der Regenzeit die Vorhut der Nordpopulation bis zum Orangi östlich Banagi (vgl. Abb. 8, Tab. 5); die beiden Populationen benutzen sich berührende Gebiete, aber nicht gleichzeitig. Sie sind immer mindestens 25 (Regenzeit) bis 50 (Trockenzeit) km voneinander entfernt.

3. Populationsdynamik

Um die Bedeutung der Elefanten für den SNP richtig einschätzen zu können (s. S. 89 f.), ist es wichtig zu wissen, ob die Elefanten immer in dem Gebiet lebten oder erst kurz vor oder nach seiner Errichtung – der Südteil (Grenze: der Orangi) des heutigen SNP ist seit 1937, der Nordteil seit 1959 als Nationalpark geschützt – in den Nationalpark einwanderten.
Da sie keine Hinweise auf frühere Elefantenvorkommen fanden und da auch einige Jäger, die das Gebiet durchquert hatten, keine Elefanten gesehen hatten, nahmen Lamprey, Glover, Turner und Bell (1967) an, daß die Elefanten erst seit 1955 in den Park eindrangen und zumindest 40 Jahre davor keine Elefanten da waren (Lamprey u. a. 1967, S. 1).
Nun fand inzwischen Fosbrooke (1968) Aufzeichnungen über Karawanen, die um 1880 in dieses Gebiet führten.
»Serengeti to Kilibasili six hours. This is a settlement of the Wandorobo, a tribe of elephant hunters, who neither cultivate nor keep cattle, but live entirely on the flesh of the animals they kill in hunting. They supply the caravans with a great deal of ivory. Their country is full of elephants and other big game.« (Farler 1882, S. 730.)
Nach alten Karten liegt Kilibasili oder Kiruwassile im Zentrum des Gebietes, nicht weit vom heutigen Seronera.
Und der erste Europäer, der diese Gegenden betrat, Oscar Baumann, berichtet von Elfenbeinjägern im Nordwesten (zwischen Grumeti und Mara) und im Südosten (Semuquellflüsse) des Gebietes, beide Male unweit der heutigen Parkgrenze (Baumann 1894). Jaeger (1911) erwähnt, daß 1900 ein Elfenbeinjäger in Sonjo lebte. Zufällig fielen mir die Erinnerungen eines englischen Jägers in die Hände, der zwischen 1905 und 1910 von Kenya her die Grenze zum damaligen Deutsch-Ostafrika überschritt, um auf deutschem Gebiet Elefanten zu wildern (Jordan 1958). Auch Kittenberger (1929) und Dugmore (1925) berichten von Elefanten am Mara.
Diese und andere Hinweise zeigen, daß zumindest zeitweise, wahrscheinlich dauernd, während der letzten 100 Jahre Elefanten das Gebiet bewohnten, möglicherweise in unterschiedlicher Dichte.

Tabelle 6 Flugzeugzählungen der Elefanten im SNP in der Regenzeit.

Jahr der Zählung	gezählt von	Bemerkungen	Nordpopulation		Südpopulation		Gesamtzahl	
			gezählt	nach der Zählung geschätzt	gezählt	nach der Zählung geschätzt	gezählt	nach der Zählung geschätzt
1961	Talbot u. Stewart	Minimal-Zählung (s. S. 106)	1 000	1500—2000	150	200—300	1 150	2 000
1965	SRI	nur das Gebiet des SNP	1 600	1 800	500	600	2 100	2 400
1966	SRI	nur das Gebiet des SNP	1 700	1 900	500	600	2 200	2 500
1967	SRI		1 800	1 800	700	700	2 500	2 500
1968	SRI		1 500	1 500	800	800	2 300	2 300
1968 Trocken-zeit	SRI	nur das Gebiet des SNP	700	1 200	300	600	1 000	1 800

Die jahreszeitlichen Verschiebungen der Nordpopulation (Abb. 8) und die Tatsache, daß die Jäger das weglose Gelände früher nur in der Trockenzeit durchqueren konnten, erklären, daß diese Jäger keine Elefanten und keine Zeichen sahen.

Im Mai 1961 führten Talbot und Stewart (1964) die erste Flugzeugzählung für das Gebiet durch. Mit ihrer noch wenig ausgearbeiteten Zählmethode erfaßten sie zwar nur einen Teil der Tiere (vgl. Hendrichs 1970), doch zeigt ihre Verbreitungskarte fast die gleiche Regenzeitverteilung der Elefanten, wie sie S. 101 f. gekennzeichnet wurde. Im Gegensatz zu heute befanden sich dabei jedoch keine Tiere der Südpopulation nördlich des Mbalageti. Dies stimmt überein mit Berichten von Beobachtern aus den Jahren 1962–1964 (Bell, mdl. Mitt., Turner, mdl. Mitt.). Auch die sorgfältigen Flugzeugzählungen, die das SRI seit 1965 jeden Mai (1968 auch im September) durchführt (vgl. Tab. 6), registrieren 1965 noch keine Elefanten nördlich des Mbalageti (Lamprey u. a. 1967), 1966 wurden dann ca. 50 und 1967 80 Tiere der Südpopulation nördlich des Mbalageti gezählt.

Während also die Nordpopulation ihr Streifgebiet seit über 15 Jahren nicht verändert hat (s. S. 103), verschob die Südpopulation in der Mitte der 60er Jahre ihr Streifgebiet vom Mbalageti zum Orangi nach Norden. Schon vorher benutzten Bullen (der Südpopulation?) das Banagi-Seronera-Gebiet als Trockenzeiteinstand (s. Abschn. D III b).[2]

Die Zählungen der letzten 5 Jahre (Tab. 6) zeigen, daß die Stärke der Nordpopulation wie ihre Verbreitung gleichbleibt, während die Südpopulation, die jedes Jahr etwas weiter nach Norden in das Beobachtungsgebiet vordringt, bei der Zählung deshalb als zunehmend erscheint.

Nach den besten Luftaufnahmen der Zählung von 1967 ließen sich die Elefanten in 5 Altersklassen einteilen (Abb. 3, 7; Ergebnis in Tab. 7). Die Bullen erscheinen nicht auf den Fotos. Unter der Annahme eines Geschlechtsverhältnisses von 1 : 1 für immature und mature Tiere und einem von 1 : 2 für adulte Tiere – bis 1959 wurden die Bullen im SNP und heute werden sie noch außerhalb des Parks bejagt – ergibt sich die Alterszusammensetzung der Tab. 7. (Diese Altersstruktur ist auf Grund der wenigen Daten nur ein erster grober Richtwert, noch weit zu ungenau, um eventuelle Unterschiede zwischen Nord- und Südpopulation erkennen zu lassen. Sie wird z. Z. genauer von H. Croze am SRI analysiert.)

Die etwa 800 maturen und adulten Kühe, die zu der einen oder anderen Jahreszeit das Beobachtungsgebiet benutzen, setzen im Jahr etwa 150 Kälber. Bei gleichbleibender Größe der Population müssen also 150 Tiere um-

2 Ende der 50er Jahre wurden einzelne Bullen in der Trockenzeit am Seronera gesehen (Turner, Tagebuchnotizen), 1961 eine Gruppe von 28 (Jahresbericht der Tanganyika National Parks).

Tabelle 7 Altersstruktur und Gewichte der Elefantenpopulation der Dornbuschsavanne des SNP nach den Luftaufnahmen der Zählung von 1967. (Vorläufiger Schätzwert auf Grund weniger Daten, wird z. Z. von H. Croze am SRI sorgfältiger ausgearbeitet.)

	Kälber ♂♂, ♀♀	juv. ♂♂, ♀♀	immat. ♂♂, ♀♀	mat. ♀♀	ad. ♀♀	in den Herden	insgesamt	außerhalb der Herden	mat. ♂♂	ad. ♂♂
auf Luftphotographien von Kuh-Kalb-Herden von 1967 gezählt	126	299		215	279	919				
		250	175	372		797				
Altersmäßige Aufteilung (%) der Kuh-Kalb-Herden nach den Luftphotographien	15	15	20	20	30	100				
Aufteilung (%) der Gesamtpopulation nach Alter und Geschlecht	10	10	15	15	25	75		25	15	10
Durchschnittsgewicht der Altersklassen (kg)	250	500	1000	2000	2500	1500	2000	3400	3000	4000
Anzahl der Tiere pro Altersklasse im Beobachtungsgebiet	200	200	300	300	500	1500	2000	500	300	200
Gewicht pro Altersklasse im Beobachtungsgebiet (10^3kg)	50	100	300	600	1250	2300	4000	1700	900	800
Futterbedarf pro Tag (t)	2,5	5	15	30	62,5	115	200	85	45	40
Losungsgewicht pro Tag (t)	0,6	1,25	3,75	7,5	15,6	28,75		22,5	12,5	10

kommen. Etwa 30 % der Tiere kommen vor dem fünften Lebensjahr um (vgl. Laws und Parker 1968). Die jährlich gefundenen toten Tiere (etwa 10; Turner, Kruuk, mdl. Mitt.) genügen nicht, um eine Altersverteilung der restlichen 100 Tiere aufzustellen. Für die Bullen außerhalb der Herde kann eine Sterblichkeitskurve nach der Altersstruktur der Lebenden berechnet werden.

Die Gesamtpopulation von etwa 2000 Tieren hat ein Durchschnittsgewicht von 2000 kg / Tier (s. Tab. 7). Diese brauchen etwa 200 000 kg Futter / Tag (etwa 5 % des Lebendgewichtes, vgl. Laws und Parker 1968) und produzieren etwa 50 000 kg Trockenmaterial an Dung / Tag (vgl. Dougall 1963; Dougall und Sheldrick 1964).

b. Bullen

Bullkälber sind anfangs nicht von Kuhkälbern zu unterscheiden. Bei Sheldricks (Laws 1966) zahmen Elefantenkälbern brachen beim ♂ die Stoßzähne bei einer Schulterhöhe von 114 cm durch (17 Monate) und bei den ♀♀ bei 121 und 126 cm (24 bzw. 31 Monate). Bourliere und Verschuren (1960) stellten sichtbare Stoßzähne beim ♂ mit 16,5 Monaten fest. Als juvenile und immature Tiere sind die Jungbullen von gleichaltrigen Kühen durch die längeren Stoßzähne zu unterscheiden. Mit 10–15 Jahren sind die Jungbullen leicht von gleichaltrigen ♀♀ zu unterscheiden (Laws 1966 gibt als Stoßzahngewicht für 12–14jährige ♂♂ 6,4–8,6 kg und für gleichaltrige ♀♀ 2,7–3,6 kg an), schwer aber von adulten Kühen (s. o.), deren Stoßzähne und Körpergröße denen der Jungbullen entsprechen.

Bullkälber bewegen sich schon nach wenigen Jahren in einem größeren Umkreis – zuerst um die Mutter und später um die Kuheinheit und die Einheitengruppe – als die Kuhkälber. Bei Einheitengruppen ziehen die Bullkälber aller Einheiten häufig zusammen in einer eigenen Gruppe neben, zwischen, vor oder hinter den Kuheinheiten (z. B. wurde am 4. 9. 1968 eine Jungbullengruppe von 8 Tieren bei einer Einheitengruppe von 47 Tieren beobachtet; am 20. 9. eine von 5 Tieren bei 30 Tieren). In diesen Gruppen von 5–10jährigen Bullkälbern zeigen sich schon Merkmale der späteren Bullengruppen. Der Individualabstand der einzelnen Tiere wird größer; er beträgt bei Bullkälbern bis 100 m, meist etwa 20 m, bei Kuhkälbern bis 20 m, meist etwa 5 m. Durch den größeren Individualabstand lernen die Bullen auf Reaktionen auch entfernterer Einzelelefanten zu achten und darauf zu reagieren und entwickeln so Selbständigkeit. Bei Gefahr rennen jüngere Bullkälber sofort zurück zur Kuheinheit, ältere nicht mehr immer, sie flüchten nur noch in den Umkreis der Einheitengruppe. Je ältere Jungbullen in einer Bullkalbgruppe sind, desto weiter kann sie sich von der Kuheinheit entfernen. Wenn sich adulte Bullen in der Nähe der Einheitengruppe aufhalten, so können sich die Bullkalbgruppen ihnen für einige Zeit anschließen. Die ältesten Bullkälber bleiben schließlich bei den adulten Bullen und kehren nicht mehr zur Kuheinheit zurück. Sie ziehen nicht – wie Laws und Parker (1968) annehmen – zuerst eine Zeitlang allein. Erst nach einigen Jahren werden sie selbständiger und ziehen auch allein.

Manche Bullen verlassen schon, bevor sie die Größe einer *maturen* Kuh erreicht haben, die Kuheinheit und schließen sich einer vorbeiziehenden Bullengruppe an. Andere Bullen verlassen die Herde erst, wenn sie die Größe einer *adulten* Kuh erreicht haben. (Die alten Kühe sollen die Jungbullen manchmal aus der Zuchteinheit vertreiben, Parker, mdl. Mitt.; ich habe nie Anzeichen dafür beobachtet.) Diese und andere Unterschiede im Verhalten der Jungbullen beruhen auf verschiedenen Anlagen und verschiedener Erfahrung (vgl. Abschn. D III c) und bestimmen die Rolle, die ein Bulle später im Bullenverband einnimmt.

In der Regenzeit halten sich die alten Bullen allein oder in Gruppen innerhalb oder in der Nähe der großen Konzentrationen auf. Wenn eine Kuh heiß wird, finden sich meist mehrere adulte Bullen ein und decken sie nacheinander; nur manchmal hält der stärkste Bulle die schwächeren ab (Buss und Smith 1966; Short 1966). Das kampflose Decken der Bullen kann als Hinweis gesehen werden auf die meist eindeutige Rangordnung der untereinander bekannten Bullen (s. u.), deren Einhaltung die Bullen »eifersuchtsfrei« erscheinen läßt.

In der Trockenzeit halten sich die Bullen in bestimmten Bullengebieten getrennt von den Kuheinheiten auf. Das Verhalten der Bullen in einem solchen Trockenzeit-Verband wird im folgenden Abschnitt genauer beschrieben.

III. Ein Trockenzeitbullengebiet

a. Geographische Lage

Das Gebiet wird von den Nebenflüssen des unteren Orangi, westlich des 35. Breitengrades, entwässert (s. Abb. 9 a). Der Orangi kommt aus dem Loliondogebiet im Nordosten des SNP von der Grenze nach Kenya und fließt nach Westen in den Viktoriasee. Die südlichen Nebenflüsse im Osten – Nyabogati, Magongo und Seronera – entspringen am Nordrand der Serengetisteppe und fließen nach Nordwesten durch welliges Dornbuschland, unterbrochen von Kopjes und einigen wenigen Bergen, deren größte, Nyaraswiga und Banagi (vgl. Abb. 15 b, 13 c), sich 200–300 m über das etwa 1500 m über dem Meer gelegene Gelände erheben. Die südlichen Hauptnebenflüsse im Westen – Mareo und Nyamakachowe – kommen aus den Nyamashagi-, Kyatabarara-, Bingwe und Kyabaratero-, Kamunyo- und Makoma-Bergen

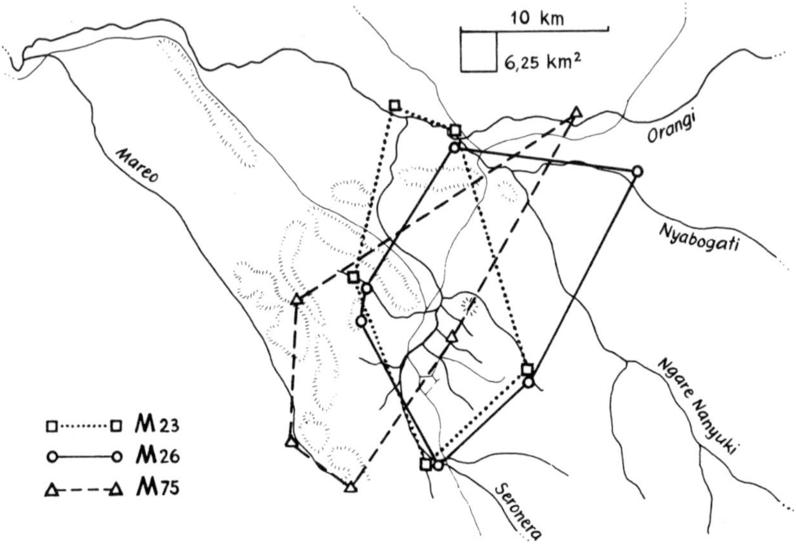

Abb. 9a Trockenzeitstreifgebiet eines maturen (M23), eines adulten (M26) und eines altadulten (M75) Bullen. (Seronera-Banagi-Gebiet, Ausschnitt von Abb. 8)

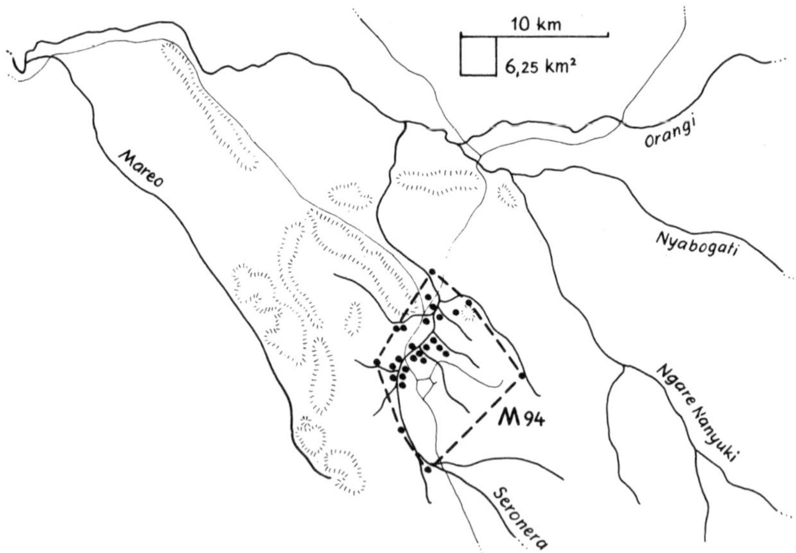

Abb. 9b 27-Tage-Streifgebiet eines jungadulten Bullen. (Oktober 1968)

und fließen nach Norden zuerst durch Bergland, dann über die Musabi-Mbuga zum Orangi. Westlich Kamarishe durchfließen sie Buschinselland (für die Vegetationstypen s. Abschn. D I).
Die nördlichen Nebenflüsse sind klein und unbedeutend. In der Trockenzeit fällt in dem Gebiet kein Regen, und die meisten Korongos (die Nebenflüsse der Nebenflüsse) trocknen aus. Auch in den großen Flüssen steht nur noch stellenweise salziges Wasser (s. Abschn. D I). Durch die konvergierenden südlichen Hauptnebenflüsse beträgt die Entfernung zum nächsten Wasser von keiner Stelle aus mehr als 5 km, meist ist sie bedeutend geringer. Im Osten und Norden des Gebietes sind die Wasserbedingungen wesentlich ungünstiger. Im Nordwesten ist das Gebiet besiedelt (Waikoma, Wasukuma). Inmitten des Gebietes liegen das Hauptquartier des SNP, Seronera (heute zugleich Sitz des SRI) und die alte Station Banagi.
In den angrenzenden Gebieten stehen in der *Trockenzeit*: am unteren Orangi westlich Banagi einige Kuheinheiten, zusammen unter 100 Tiere, die den Tag im Galeriewald des Orangi verbringen und nachts im Dornbuschland äsen; im Südwesten am Mbalageti bis 200 Tiere. Die übrigen angrenzenden Gebiete sind in der Trockenzeit elefantenfrei.
In der *Regenzeit* ziehen sich die Südpopulation und mit ihr die Bullen nach Süden zurück, und von Norden kommt die große Konzentration der Nordpopulation von bis zu 1000 Tieren (vgl. Abschn. D II a 2 und Abb. 8) nach Süden in das Gebiet und bleibt westlich Banagi nördlich des Orangi, östlich Banagi nördlich des Ngare Nanyuki (1965), meist sogar nördlich des Nyabogati.

b. Der Bullenverband

Das beschriebene Gebiet von etwa 800 km² dient einem Verband von etwa 150 Bullen als Trockenzeitstandort. 115 der Bullen sind individuell bekannt. Die Häufigkeit, mit der bekannte Bullen (vgl. Abb. 2) gesehen wurden, zeigt Tab. 8.
Zu Beginn der Trockenzeit treffen die Bullen einzeln und in Schüben in zeitlichen Abständen ein. Die Bullen eines Schubs halten zuerst noch zusammen, einzelne wechseln dann über zu späteren oder früheren Schüben. Schließlich lösen sich die Schübe ganz auf, und in lockeren Gruppen von bis zu 20 Tieren (Tab. 9), deren Zusammensetzung ständig wechselt, häufig mehrmals täglich, durchstreifen die Bullen in den folgenden Monaten das Gebiet.
Keiner der Bullen wurde in allen Gegenden des Areals gesehen. Sie bewegen sich in überlappenden Gebieten von etwa 20 km Durchmesser (unter 200 km², s. Abb. 9 a, vgl. Tab. 8). Für Wochen können sie sich in einem kleineren Gebiet von wenig über 50 km² aufhalten (Abb. 9 b). Vor dem ersten Regen, Mitte November, verschwinden sie wieder. In diesen 4 bis 5 Monaten leben

Tabelle 8 Die Häufigkeit, mit der bekannte Bullen von 1967 bis 1969 gesehen wurden und die größte Entfernung zwischen den Orten, an denen sie beobachtet wurden, sowie ihre Einteilung in Altersklassen.

Bulle Nr.	Anzahl der Tage, an denen der Bulle beobachtet wurde				Bemerkungen	größte Entfernung zwischen zwei Orten, an denen der Bulle beobachtet wurde (km)	Altersklasse
	1967	1968	1969 (Regenzeit)	1967 + 1968 + 1969			
18	11	33		44		20,5	C d
26	10	31		41		36,5	E a
94	1	34		35		20,0	D d
30	4	28*)		32	*) davon einmal in der Regenzeit im Süden	15,0 (20 in der Regenzeit)	D d
28	2	25		27		15,5	E d
31	4	20		24		13,0	D d
96	—	24		24		11,0	D d
23	1	21		22		23,5	C c
93	2	16		18		21,0	D d
111	—	18		18		14,5	C d
131	—	18		18		13,0	C a
139	—	18		18		11,0	C a
14	—	17*)		17	*) wie oben	15,5 (25 wie oben)	C d
27	1	13		14		22,5	C b
25	4	11		15		16,5	C b
92	—	14		14		14,5	F
87	—	13		13		20,0	E b
24	11	1		12		17,5	C d
60	1	9		10		8,0	C c
68	—	10		10		11,5	C a
17	2	7		9		20,5	C b
75	—	9		9		29,0	F
110	—	9		9		11,0	C c
47	3*)	2	3	8	*) davon einmal in der Regenzeit	7,5	E b
[illegible]	6	[illegible]		8		11,0	E a

95	2*)	6		8	*) davon einmal im Süden	13,5 (30 wie oben)	C d
38	—	8		8		7,5	C d
59	1	6		7		3,0	C b
132	1	6		7		12,0	C a
114	—	7		7		6,5	C d
8	1	5		6		11,5	C c
112	4	1		5		17,5	C b
33	3	1		4		14,0	C c
115	—	4		4		3,0	C b
21	1	2		3		17,5	C b
45	2	1		3		9,0	E b
148	2	1		3		6,0	C a
151	3	—		3		6,0	C a
78	—	3		3		10,0	E b
43	2	—	1	3		8,0	E c
44	2	—	1	3		10,5	E c
49	1	—	2	3		22,5	D b
116	—	—	3	3		15,0	E a
46	2	—		2		30,0	E b
52	1	1		2		21,5	C b
22	1	1		2		5,0	E b
34	1	1		2		23,0	E a
54	1*)	1		2	*) im Norden	63,5	E b
57	1	1		2		16,0	D d
58	1	1		2		34,5	D d
117	—	2		2		12,0	C d
118	—	2		2		4,0	D d
146	1	1		2		—	C b
36	—	2		2		27,5	C a
123	—	2		2		5,5	C d
125	—	2		2		5,5	C c
126	—	2		2		5,5	C d
134	—	2		2		2,5	C b

Tabelle 9 Die jeweilige Größe der von 1967 bis 1969 gesehenen Bullengruppen.

Größe der Gruppe (Anzahl der Bullen pro Gruppe)	Anzahl der beobachteten Gruppen	Gesamtanzahl der Bullen, die in den Gruppen dieser Größe gesehen wurden		%
1	61	61	61	6,5
2	42	84		
3	35	105		
4	8	32		
5	17	85		
6	9	54		
7	8	56	694	74
8	9	72		
9	2	18		
10	5	50		
11	7	77		
12	2	24		
13	2	26		
14	2	28		
15	2	30		
16	—	—		
17	2	34	181	19,5
18	1	18		
19	—	—		
20	—	—		
21	1	21		
			936	100

die Bullen vorwiegend von Laub und Ästen. Dazu stoßen sie Bäume um. Da dies auch im Gebiet um Seronera, dem Hauptquartier der Nationalparkverwaltung, geschieht, beginnt diese um ihren Baumbestand zu bangen und verlangt Ratschläge vom Elefantenbiologen, was zu tun sei.

Es drängen sich zunächst zwei Fragenkomplexe auf:

1. Woher kommen die Bullen?
   Gehören sie sozial zusammen (wenn ja, wie), oder werden sie nur durch ein günstiges Trockenzeitgebiet zusammengeführt?
2. Wovon und wie leben die Bullen in der Trockenzeit? Unter welchen Bedingungen stoßen sie wie viele Bäume um?

Fragt man, ob und wie diese Bullen zusammengehören, ist es zunächst wichtig zu klären, woher sie kommen und wohin sie gehen. Gehören sie zur Nord- oder zur Südpopulation oder sind es Bullen aus beiden Populationen?

Da in der Regenzeit die Südpopulation zum größten Teil den Beobachtungsbereich verläßt und in der Trockenzeit die Nordpopulation, ist diese Frage nicht leicht zu beantworten.

Die Bullen ziehen überwiegend von Westen in das Gebiet ein und verlassen es nach Südwesten. Da sie aber, besonders beim Abzug, große Strecken nachts zurücklegen, gelang es nicht, durch direkte Beobachtung zu beweisen, daß sie später nicht, zumindest zum Teil, nach Norden abdrehen, von wo sich zu dieser Zeit die große Konzentration nähert.

Für die Zugehörigkeit zur Nordpopulation sprechen keine Gründe. Keiner der bekannten Bullen wurde je bei Einheitengruppen oder Konzentrationen der Nordpopulation gesehen. Wohl waren zwei Bullen, die 1967 in der Trockenzeit im Norden standen, 1968 bei dem Bullenverband im Seronera-Nyabogati-Gebiet.

Letztere Beobachtung weist darauf hin, daß möglicherweise Bullen aus beiden Populationen das Gebiet benutzen.

Dafür, daß es zumindest überwiegend Bullen der Südpopulation sind, sprechen folgende Gründe:

a) Die Kuheinheiten der *Südpopulation* stehen in der Trockenzeit in der Nähe des Gebietes, und einzelne Bullen wurden zeitweise bei den Kuheinheiten gesehen. Die nächsten Einheiten der *Nordpopulation* stehen dagegen 50 km Luftlinie entfernt im Norden.

b) Nach mündlichen Berichten älterer Beobachter scheint es wahrscheinlich, daß die Bullen, zumindest in der heutigen Zahl, das Gebiet erst seit etwa 10 Jahren benutzen. Im gleichen Zeitraum dehnte die Südpopulation ihr Verbreitungsgebiet in der Trockenzeit nach Norden bis zum Orangi aus (vgl. Abschn. D II a 2).

c) Die Bullen erreichen das Orangi-Gebiet zur gleichen Zeit wie die Kühe, und zwar von Westen (wo die Kuheinheiten die Trockenzeit verbringen), und verlassen es nach Süden zu der gleichen Zeit und in der gleichen Richtung wie die Kuheinheiten. Einige Bullen wurden bis 40 km Luftlinie nach Süden ins Streifgebiet der Südpopulation verfolgt.

Von den etwa 150 Bullen, die insgesamt in dem Gebiet gesehen wurden, waren nie 100 gleichzeitig dort.

Mit den vorherigen Beobachtungen weist dies darauf hin, daß beide Teile der ursprünglichen Frage: »Gehören die Bullen zusammen oder führt sie nur ein günstiges Trockenzeitgebiet zusammen?« zu bejahen sind: die Bullen werden durch die günstigen Trockenzeitbedingungen des Gebietes zusammengeführt, sie stammen zum großen Teil aus der gleichen (Süd-)Population und gehören nach einigen Jahren, die sie gemeinsam in dem Gebiet verbrachten, auch als Verband zusammen, der natürlich offen bleibt. Einige Bullen werden in den folgenden Jahren wegbleiben, andere neu hinzukommen. Es wird sich lohnen, nach einigen Jahren den Trockenzeitverband noch einmal anzusehen.

Im folgenden wird versucht, die zweite Frage zu beantworten.

c. Sozialordnung

Jeder der bekannten Bullen wurde in einer Kartei geführt, in die jede Beobachtung eingetragen wurde: wo der Bulle wann gesehen wurde, mit welchen anderen Bullen er zusammen war, sein Größen- und Rangverhältnis zu den anderen Bullen, sein Verhalten in der Gruppe usw.
Nach diesen Daten lassen sich die Bullen in folgende Systeme einteilen:

Rangsystem:	Für (fast) jeden Elefanten gibt es andere unterlegene und überlegene Elefanten. Dieses Rangsystem wird mit verschiedenen Verhaltensweisen, die Sicherheit oder Unsicherheit, Überlegenheit, Unterlegenheit, Drohung oder Unterwerfung ausdrücken, aufrechterhalten (s. u.).
Temperamentsystem:	Für die meisten Elefanten gibt es andere, die aggressiver oder friedlicher, furchtloser oder furchtsamer, ruhiger oder erregbarer, initiativfreudiger oder weniger initiativfreudig, assoziationsfreudiger oder einzelgängerischer sind (s. u.).
Rollensystem:	In einer Elefantengruppe gibt es verschiedene Rollen. Für die meisten Elefanten gibt es andere, die eine bestimmte Rolle lieber, besser oder häufiger oder weniger gern, schlechter oder seltener ausführen. Von der Position eines Elefanten in diesem abgestuften Rollengeflecht hängt es mit ab, ob der betreffende Elefant eine gewisse Rolle ausführt oder nicht (s. u.).
Koordinationssystem:	Jeder Elefant zieht zeitweise mit einigen Elefanten häufiger zusammen als mit anderen (Tab. 10). Es entstehen zeitweilige Individualbindungen (über Rollenträgeranpassungen?).

1. Entstehung und Erhaltung der Rangordnung

In den Bullkalbgruppen (s. Abschn. D II b) lernen die Bullkälber ihre gegenseitige Stärke kennen, und die Rangordnung in den späteren Bullengruppen beginnt zu entstehen. Größeren Kälbern weicht das Bullkalb aus, und mit etwa gleichgroßen beginnt es zu rangeln. Spielerisch zeigen sich schon die Verhaltensweisen der adulten Bullen: sie rennen aus 2 oder 3 m Entfernung aufeinander zu und stoßen mit den Rüsselansätzen (Ober- oder Unterseite) zusammen, daß es staubt, und beginnen zu schieben (vgl. Abb. 10). Meist

Tabelle 10 Die Häufigkeit, mit der ein jeder der 25 am längsten beobachteten Bullen mit einem jeden anderen zusammenzog.

131	139	17	25	27	23	60	110	14	18	24	111	94	30	31	93	96	26	32	47	87	28	75	92	Bulle Nr.
0	7	1	0	5	7	0	4	3	6	2	6	5	8	7	5	5	6	0	0	8	7	0	3	68
	4	1	5	1	4	3	5	3	9	0	3	10	6	3	4	5	8	0	0	1	5	2	1	131
		3	7	10	16	6	8	7	7	0	14	14	6	9	11	12	10	0	0	8	7	0	7	139
			2	3	5	5	2	6	1	1	3	4	2	2	1	5	6	1	0	0	7	2	1	17
				4	8	4	5	3	1	2	5	8	3	4	5	7	5	1	2	0	4	0	3	25
					12	6	8	6	3	1	16	14	7	4	8	7	7	1	0	4	8	3	10	27
						6	11	8	5	1	16	15	8	9	13	15	9	0	1	9	11	0	9	23
							5	8	2	0	7	6	1	5	4	7	7	0	0	1	11	2	2	60
								7	1	0	9	10	3	3	11	8	7	0	0	5	8	0	4	110
									3	0	7	11	3	3	6	10	10	0	0	2	9	2	4	14
										2	4	8	15	10	4	9	14	1	0	6	11	3	3	18
											0	0	1	1	0	0	6	6	1	1	0	0	0	24
												17	8	7	11	11	9	0	0	7	12	3	9	111
													16	7	12	15	14	0	0	7	9	5	10	94
														13	7	9	10	1	0	8	11	4	5	30
															6	10	10	1	0	9	10	1	4	31
																8	9	0	0	6	7	0	6	93
																	14	0	0	7	9	1	6	96
																		6	0	4	15	3	4	26
																			1	0	0	0	0	32
																				0	0	0	0	47
																					5	1	4	87
																						3	3	28
																							3	75

Abb. 10 Auseinandersetzung zweier Bullen. (22. 10. 1968; rechts M30, links M93)

wird derjenige zurückgeschoben, der mit der Rüsseloberseite gegen die Unterseite des Rüsselansatzes des anderen drängt. Ob der zurückdrängende den Kopf höher hält, weil er sich überlegener fühlt, oder ob er überlegener ist, weil er den Kopf höher hält, war nicht festzustellen. Ein größerer Bulle ist in der Lage, den Kopf höher als der kleinere zu heben und ist deshalb überlegen, wie Kühme (1961, 1963) beschrieb. Geraten beide mit der Rüsselansatz*unterseite* gegeneinander, so gehen die Köpfe hoch, die Rüssel verschlingen sich zu Beginn (im Versuch, die Bindung zu erhalten?), aber nach kurzer Zeit gleiten sie ab. Geraten die *Oberseiten* gegeneinander, so kann – falls sie nicht abgleiten – das normale Kampfschieben beginnen.
Bevor die Rangauseinandersetzungen zwischen maturen und adulten Bullen diskutiert werden, seien drei Protokolle beigefügt:

Erklärungen zu Protokoll 1 und 2:
M14 ‹ M111 « M93 (‹ = kleiner als, « = viel kleiner als)
M14: am 27. 8. in der Gruppe gesehen,
seit 7. 10. nicht mehr in der Gruppe
M93: seit 12. 10. in der Gruppe
M111: seit 18. 10. in der Gruppe
M14: kehrt am 21. 10. zur Gruppe zurück.

Protokoll 1
21. 10., 8.15 (LZ)[3]: Mto (M93) und Mbogo (M111) schieben – parallel nebeneinandergehend, Mbogo rechts – Mzuri (M14) zurück, Schritt um Schritt, mit synchron vorstoßenden Rüsselansätzen, ohne zu berühren; Mzuri stolpert rückwärtsgehend mit Hinterhand über keulenhohen Strauch, Mto wirft dreimal Rüssel vor nach Mzuri, mit hochwippendem Ende, faßt dann mit Rüssel an die rechte Schläfendrüse von Mzuri; Mzuri weicht nach rechts drehend aus und zieht ab.

3 Lokalzeit (LZ) – 45′ = Wahre Ortszeit (WOZ).

8.30: Mzuri und Mbogo schieben mit Rüsselansatz gegeneinander, Mbogo weicht.
8.45: Mzuri geht auf M110 zu, der weicht zurück und faßt Mzuri unters Kinn, Mzuri faßt M110 an die Schläfendrüse. Als sie an Mbogo vorbeikommen, tritt dieser vor und hält Mzuri Rüsselende ins Maul und tritt wieder zurück, Mzuri geht geradeaus weiter.
11.00: Mzuri und Mbogo stehen zwischen anderen Elefanten nebeneinander und dösen (Ohrenklappfrequenz bei Mzuri: ca. 20/min, bei Mbogo: ca. 3/min), Mzuri hält Kopf hoch (höher als Widerrist), wirkt dadurch größer als Mbogo, der Kopf tief hält (unter Widerristhöhe).

Protokoll 2
26. 10. 68, 16.00: Mzuri und Mbogo kämpfen heftig, dröhnend und keuchend, Äste krachen, Stoßzähne klappern. Zum Abschluß schiebt Mzuri Mbogo korongoaufwärts, dann vom Korongo weg etwa 15 m hangauf, dann kommt Mbogo wuchtig zurück, schiebt Mzuri sehr schnell zurück, unten am Korongo dreht Mzuri ab; als Mbogo ihm folgt, dreht er wieder um. Sie gehen mit Anlauf aufeinander zu, reißen vor Zuammenprall Rüsselansätze hoch, schieben mit Rüsselansatzoberseiten gegeneinander, Mzuri wird auf ebenen Boden ins Gebüsch zurückgedrängt und gibt auf.

Protokoll 3
Erläuterungen:
M114 ‹ M94 « M93 ‹ M26 ‹ M28
26. 10. 68, 16.30: Ngoa (M94) schiebt gegen den unter ihm in der Korongoböschung stehenden Nyaraswiga (M28), der kommt erregt (unsicher durch seine ungünstige Position, würde sonst den viel schwächeren Ngoa nicht beachten) heraus und schiebt Ngoa vor sich her, den Kopf hin und her wiegend, Ngoa dreht sich zur Seite, Nyaraswiga schiebt weiter gegen rechte Flanke; als sie stehenbleiben, faßt Nyaraswiga kurz an Schlauch von Ngoa und geht rückwärts zurück, den nachkommenden Ngoa mit lässigen Kopfbewegungen abwehrend, ohne Rüsselansatz vorzuschieben, dreht sich dann um und wehrt mit Hinterhand ab. Hinter Ngoa ist Mto (M93) vorgekommen, Ngoa dreht sich um, weiter als bis er Mto genau gegenübersteht: er geht mit Hinterhand noch vom Korongo weg den Hang hinauf, steht dadurch höher als Mto, schiebt dann von oben mit Rüsselansatz gegen Mto, dessen Rüsselansatz tiefer ist; trotz dieses Nachteils schiebt Mto Ngoa leicht zurück. Ngoa dreht ab, wendet sich zu Kubo (M26) und greift ihn von oben an, Kubo geht ein Stück zurück, noch eins, kommt dann aber wuchtig in den leeren Abstandsraum vor, heftig den Rüsselansatz am langwerdenden Hals vorstoßend, Ngoa stößt Rüsselende ins Maul und dreht ab. Kubo und Ngoa haben sich nicht berührt. Mpia (M114) zieht heran und steckt Kubo Rüsselende ins Maul, der

Tabelle 10a Größen- und Rangordnungsverhältnisse einiger Bullen.
(d: dominant über, g: größer als, k: kleiner als, mg: mindestens so groß wie, vg: viel größer als, =: gleich groß bzw. rangig, u: unterlegen)

Altersklasse	Größe: notierte Größenverhältnisse	Größe: resultierendes Größenverhältnis	Rangordnung: notiertes Rangordnungsverhalten	Rangordnung: resultierendes Rangverhältnis
F, E	28 g 75	28 g 75	92 d 75 (?)	75 d (?) = 92
	= 75	75 mg 92	75 d 18	92 d 28 (?)
	g 92	92 mg 87	28 d 31	28 d 87
	= 92	87 g 26	d 94	d 26
	g 87	26 = 32	d 111	87 d 26
	g 26	26 mg 96	d 38	26 d 32
	75 = 92		d 27	d 96
	g 87		d 139	d 93
	= 87		87 d 30	d 30
	g 26		d 94	d 31
	92 g 87		d 68	
	= 87		26 d 96	
	k 87		d 93	
	g 26		d 32	
	87 g 26		d 30	
	26 = 32		d 94	
	g 30		d 18	
	g 31		d 114	
	g 96		d 23	
	= 96		d 131	
			d 139	
D	96 g 93	96 mg 93	96 u 26	
	= 93	93 mg 30	d 139	
	g 30	30 = 31	93 u 26	
	= 30	31 vg 94	d 30	
	g 31	94 g 111	d 94	
	vg 94		d 114	
	93 g 30		d 110	
	= 30		d 27	
	g 31		30 u 87	
	= 31		u 26	
	vg 94		u 93	
	30 = 31		u 93	
	30 vg 94		u 94	
	31 vg 94		u 111	
	94 g 111		u 131	
			31 u 28	
			d 93	
			94 u 28 d 111	
			u 87 d 114	
			u 26 d 110	
			u 93 d 23	
			u 30	

Tabelle 10a Fortsetzung

Altersklasse	Größe: notierte Größenverhältnisse	Größe: resultierendes Größenverhältnis	Rangordnung: notiertes Rangordnungsverhalten	Rangordnung: resultierendes Rangverhältnis
C d	111 k 18	111 mg 95	111 u 28	111 d 111
	= 18	95 mg 18	u 30	18 = 111
	g 18	18 mg 114	u 94	111 d 14
	g 114	114 mg 38	u 14	d 38
	= 114	38 mg 110	d 14	14 d 110
	g 38	110 = 14	d 110	
	g 110	14 g 8	d 60	
	g 14		d 27	
	24 = 18 = 33		18 u 75	
	g 18		u 26	
	18 k 95		114 u 26	
	= 95		u 93	
	18 g 14		u 94	
	14 = 111		d 111	
	k 114		d 110	
	g 8		d 114	
			38 u 28	
			d 23	
			d 68	
			110 u 93	
			u 94	
			u 111	
			u 14	
			14 d 111	
			u 111	
			d 110	
C a, b, c	8 g 25	8 = 60	60 u 111	60 = 23
	g 23	60 g 25	27 u 28	= 17
	60 g 25	25 = 17	u 93	23 d 25
	g 23	17 = 23	u 111	d 27
	g 17	23 g 27	u 139	d 68
	g 27	27 g 68	u 131	27 d 139
	25 = 17	68 = 131	d 139	
	g 23	131 = 132	23 u 26	
	= 23	132 = 139	u 94	
	g 27		u 114	
	23 g 27		u 38	
	27 g 139		d 27	
	g 68		d 25	
	g 131		d 68	
	131 = 132		68 u 87	
	68 = 139		u 38	131 u 26
			u 117	u 30
			u 23	d 27

greift ihm kurz an Schlauch und dreht sich gegen Mto um, geht 2 Schritte auf ihn zu und schiebt gegen dessen Rüsselansatz, Mto schlägt sofort Rüsselende unter das Kinn von Kubo (Unterwerfungsgebärde), als dieser noch weiter schiebt, nochmals heftiger, den ganzen Körper anspannend; da hört Kubo auf zu schieben. Mpia stand links neben Kubo Mto gegenüber, schiebt den Rüsselansatz in Richtung Mto vor, der faßt aber sofort mit Rüssel an dessen Schläfendrüse (Überlegenheitsgebärde), ohne seinen Kopf zu bewegen, Mpia zieht sich sofort zurück.

Der Rangniedere versucht häufig, sich höher als der Ranghöhere zu stellen, indem er rückwärts hangauf geht (Protokoll 3). Bei Jungbullen versucht umgekehrt der Stärkere oft, den Schwächeren zum »Weiterspielen« zu veranlassen, indem er sich hangtiefer aufstellt.
Die Rangordnung kann zeitweise verfälscht werden, wenn ein Mittelhoher einem Rangtiefen ausweicht, weil dieser mit einem Ranghohen zusammenzieht.
Wenn verschiedene Bullen in aggressiver oder übermütiger Stimmung zusammenstehen, können komplizierte Rangbeziehungen entstehen. In Protokoll 3 steht zum Schluß der ausgewachsene Altbulle Mto dem stärkeren Bullen

Tabelle 11 Übersicht über die länger beobachteten Bullen.

Bullen-klasse	Unterteilung der Bullenklassen	Anzahl der Beobachtungstage: 10 Tage und mehr	3 Tage und mehr	2 Tage
C	a (kleiner als jungadulte Kuh)	68, 131, 139	148, 151, 132	36
	b (jungadulte-adulte Kuh)	25, 27	17, 59, 21, 115, 112	146, 52, 134
	c (adulte-altadulte Kuh)	23, 60	8, 110, 33	125
	d (größer als altadulte Kuh)	14, 18, 111, 24	38, 95, 114	117, 123, 126
D	b	94	49	
	d	30, 31, 93, 96		57, 58, 118
E	a	26	116, 32	34
	b	87	47, 78, 45	22, 54, 46
	c		43, 44	
	d	28		
F		92	75	

Kubo gegenüber. Als er von dem neben Kubo stehenden Jungbullen Mpia – der Mtos Unterlegenheitsgeste Kubo gegenüber wahrscheinlich irrtümlich auf sich bezog – durch Vorschieben des Rüsselansatzes angedroht wird, weist er ihn durch Schläfendrüsenfassen zurück, ohne Kubo durch Kopfvorstoßen zu reizen.

Tab. 10a gibt die notierten Größenverhältnisse und Rangverhaltensweisen einiger Bullen wieder, Tab. 11 die relativen Größen (= Alterseinteilung) der länger beobachteten Bullen.

Wenn zwei Bullen zusammentreffen, kann der Ranghöhere dem Rangniedrigeren – wenn der Rangniedere als α-Bulle einer Gruppe dem ranghöheren Einzelgänger gegenübersteht, auch umgekehrt – das Rüsselende zur olfaktorischen Kontrolle an Schlauch oder Schläfendrüse halten. Nur ganz selten erwidert der Rangniedere die Kontrolle (s. o.). Sicherheit und Unsicherheit drücken sich u. a. in der Kopfhaltung aus: der Sichere hält den Kopf höher, hat die Ohren aufgestellt und läßt den Rüssel ruhig herunterhängen, der Unsicherere hält den Kopf tiefer, die Ohren sind angelegt, der Rüssel windet sich. Durch Daraufzugehen, durch knallendes Aufstellen der Ohren, durch ruckhaftes Vorwerfen des Rüssels (Intention, an die Schläfendrüse zu fassen?) und durch Vorstoßen des Rüsselansatzes werden verschieden starke Drohungen ausgedrückt.

Der Schwächere drückt seine Unterwerfung durch Zurücktreten oder seitliches Ausweichen aus, der Ranghöhere folgt selten weiter als einige Meter. Daneben haben die Elefanten noch eine spezifische Unterwerfungsgebärde, die ein Schwächerer z. B. gebraucht, wenn er dicht an einem Stärkeren vorbeizieht, und die auch bei Aufgabe im Kampf benutzt wird und dann die anderen meist sofort dazu bringt, vom Kampf abzulassen. Diese Unterwerfungsgebärde – Kühme (1961) beobachtete sie schon an den jungen Kronberger Afrikanischen Elefanten – besteht darin, das Rüsselende unter das Kinn oder ins Maul des anderen zu halten oder zu schlagen. Schon Kleinkälber, die sich manchmal Futter aus dem Maul der Mutter angeln, gebrauchen diese Geste auch zur Besänftigung der Mutter.

Bei geringem Rangunterschied kann größere Vertrautheit bei großer Aktivität zu zeitweiser Überlegenheit des Schwächeren führen. So hatte der schwächere, aber aktivere und in der Gruppe vertrautere Mzuri für einige Tage eine ranghöhere Stellung als der stärkere, aber ruhige und neu zur Gruppe gestoßene Mbogo (obwohl diesem zu Anfang der Altbulle Mto half, den angreifenden Mzuri zurückzudrängen). In den folgenden Tagen gewöhnte sich Mbogo dann ein, begann Auseinandersetzungen von sich aus und besiegte nach 5 Tagen Mzuri endgültig (Protokolle 1 und 2).

Bei großem Rangunterschied kann der Stärkere den Schwächeren in die Flanke stoßen und ihn seitlich wegschieben oder seinen Angriff mit der Hinterhand abwehren (Protokoll 3).

2. Temperamentunterschiede

Schon in der Familieneinheit und besonders in den Jahren, in denen sie sich von ihr lösen, machen die Bullkälber und Jungbullen unterschiedliche Erfahrungen; bei jedem entwickelt sich eine Individualstruktur (s. u.), gemäß der er später im Sozialverband der Bullen eine bestimmte Rolle (s. u.) übernimmt. Die unterschiedlichen Erfahrungen der Bullkälber und Jungbullen werden vor allem bestimmt durch:

1. die körperliche Konstitution (genetisch und durch Nahrung verschieden),
2. die Größe der Kuheinheit (4–20 Tiere; größere Einheiten verschaffen eine ruhigere Umwelt als kleine),
3. die Zugweise der Familieneinheit in der Trockenzeit – allein oder in einer Einheitengruppe – (in der Nähe von Einheitengruppen können sich Bullkalbgruppen bilden (s. Abschn. D II b); bei Einheitengruppen ziehen manchmal adulte Bullen mit, bei Kuheinheiten fast nie),
4. die Ranghöhe der Mutter in der Kuheinheit (die Kälber junger Kühe werden früher selbständig als die älterer Kühe),
5. die Ranghöhe der Kuheinheit in der Einheitengruppe (die Bullkalbgruppe orientiert sich mehr nach der ranghöchsten Familieneinheit als nach anderen),
6. das Vorhandensein stärkerer oder schwächerer gleichaltriger Bullen in der Kuheinheit oder später in der Einheitengruppe (wenn keine gleichaltrigen Bullen vorhanden sind, keine Einübung in Rangauseinandersetzungen),
7. den Zeitpunkt, zu dem die Pubertät einsetzt (der bei Elefanten außergewöhnlich verschieden liegen kann. Johnson und Buss (1967 a, b) untersuchten Hoden und Leydig'sche Zellen und den Testosteron-Spiegel und fanden (1967 b, S. 23): »The pupertal period seems to involve approximately 4 years. The start of puperty is individually variable over an apparent range of 3 to 14 years of age.«).

Nachdem sie die Kuheinheit verlassen haben, laufen die jungen Bullen – zuerst im Verhalten undifferenziert (d. h. sich für den Beobachter gleichartig verhaltend) – im Pulk der Jungbullen mit. Mit den Jahren entwickeln sie dann ihre Eigenarten und übernehmen eine ihnen entsprechende Rolle (s. u.). Bei den bekannten Bullen des Verbandes ließen sich folgende Temperamenteigenschaften – angegeben in Gegensatzpaaren – feststellen (vgl. Tab. 12):

initiativfreudig – ohne Initiative
assoziationsfreudig – einzelgängerisch
ruhig – leicht erregbar
furchtlos – furchtsam
friedlich – aggressiv.

Obgleich diese Eigenschaften miteinander korreliert sind – z. B. ruhig mit furchtlos oder einzelgängerisch mit initiativfreudig (Tab. 12) –, wurde eine

Tabelle 12 Kennzeichnung einiger Eigenschaften der 25 am häufigsten beobachteten Bullen auf Grund intuitiver Einschätzung der Häufigkeit bestimmter Verhaltensweisen.
(Die Kreuze kennzeichnen jeweils die Stellung eines Bullen in einem der 5 Gegensatzpaare, sie erlauben dagegen nicht einen Vergleich zwischen verschiedenen Gegensatzpaaren.)

Bulle Nr.	Altersklasse	ohne Initiative	initiativfreudig	einzelgängerisch	assoziationsfreudig	leicht erregbar	ruhig	furchtsam	furchtlos	friedlich	aggressiv
92	F		++++	++	++		++++		++++	+++	
75		+	+++		+++	++	++	+	+++	+++	+
28	E d		++++		+++	+	++		++++	++	+
87	E b	++	+		++++		++++		++++	+++	
47			++++	++	+	++	++		++++	++	++
32	E a	+++	+		+++		+++	+	++	+++	
26			++++	++	++	++	++		++++	++	++
96	D d	+	+++	+	++		+++	+	++	+++	
93		+	+++	+	++	+	++		+++	++	+
31		+	+++	+	++	++	+	+	+++	+	++
30		++	+		++++		+++		+++	+++	+
94	D b	+	+++	+	++	+	++	+	+++	++	+
111	C d	+++	+		++++		+++	++	+	+++	
24		+	++	+	+++	+	++	+	++	++	+
18			++++	++	+	+	++	+	+++	++	+
14		+	++	+	++	++	+	+	++	+	++
110	C c	++	++	+	+++	+	++	++	++	++	+
60		+++	+		++++	+	+++	++	+	+++	
23		++	++	+	+++	+	++	++	++	++	+
27	C b	++	+		+++	++	++	++	++	+++	+
25		++	+		++++	+	+++	++	+	+++	+
17		+++			++++	+	+++	++	+	+++	
139	C a	+++			++++	++	++	+++		+++	+
131		+++	+		+++	++	++	+++		+++	+
68		+++	+		+++	++	++	+++		+++	+

jede unabhängig von jeder anderen an Bullen beobachtet: so gibt es ruhige furchtsame und erregbare furchtlose Bullen, initiativfreudige einzelgängerische und initiativfreudige assoziationsfreudige Bullen.
Ein Bulle kann friedlich, furchtlos und ruhig sein (z. B. M92, M28, M87, M32, M30, vgl. Tab. 12), dabei entweder initiativfreudig (M92, M28) oder ohne Initiative (M87, M30), oder er kann auch friedlich, erregbar (M75, M26), aggressiv, ruhig (M47, M26, M93, M18), friedlich, furchtsam und ruhig sein (M96 initiativfreudig, M111 ohne Initiative), oder aggressiv, furchtlos und erregbar (M47, M31, M14).
Dann sind die Eigenschaften außer untereinander auch mit anderen Faktoren korreliert, wie Jahreszeit, Ernährungszustand, Nähe von Kühen, Alter usw., aber sie sind wiederum nicht ganz abhängig von diesen Faktoren.
So nehmen zwar Leiten und Unabhängigkeit allgemein mit dem Alter zu, aber nicht immer: einzelne Bullen leiten schon sehr jung (M23, M110), während manche Altbullen sehr wenig Selbständigkeit zeigen (M87, M32, M30).
Initiativ- und Assoziationsfreudigkeit lassen sich beim Ziehen der Gruppe an der Entfernung, in der ein Bulle vom Gruppenmittelpunkt zieht und an dem Winkel, in dem er zur Zugrichtung der Gruppe zieht, erkennen. Die anderen Eigenschaften ersieht man bei innerartlichen Auseinandersetzungen, beim Baumstoßen und bei Reaktionen auf Raubtiere oder Menschen (Artgenossen gegenüber furchtlose Bullen können Menschen gegenüber sehr furchtsam sein und umgekehrt).
Die bekannten, häufig beobachteten Bullen wurden zunächst intuitiv für jede Eigenschaftsskala – z. B. friedlich – aggressiv – in Reihen angeordnet. Der Ort, den ein jeder der am häufigsten gesehenen 25 Bullen in diesem Parametergeflecht einnimmt, ist aus Tab. 12 zu ersehen.
Dann wurden aus den Protokollen die Häufigkeiten einiger Verhaltensweisen pro Beobachtungsdauer für diese 25 am längsten beobachteten Bullen bestimmt und daraus Koeffizienten für bestimmte Eigenarten der Bullen gewonnen. Die quantitative Kennzeichnung (Tab. 13) der Bullen durch diese Koeffizienten erstreckt sich nur über einen Teil des Bereiches der intuitiven Kennzeichnung (Tab. 12). Die Übereinstimmung in diesem Teil (Tab. 14) ist eine Bestätigung auch für die nur intuitiv gekennzeichneten Eigenschaften.
Die Zahl der Eigenschaften wäre leicht zu vergrößern (z. B. sind einige Bullen mehr mit Rangtieferen, andere mehr mit Ranghöheren zusammen u. a.). Aber schon die Einordnung in diese wenigen Eigenschaftsreihen (Tab. 12) genügt, um die 25 am besten bekannten Bullen deutlich individuell zu kennzeichnen.

Tabelle 13 Kennzeichnung einiger Eigenschaften der 25 am häufigsten beobachteten Bullen auf Grund von Protokolldaten. (Aus den Rollenbeobachtungen der Tab. 15 wurden Indices für einzelne Eigenschaften bestimmt. Es wurde verwendet — nach Multiplikation mit dem Faktor zum Ausgleich der verschieden großen Anzahl von Beobachtungen — für:

Leitindex:	beobachtetes Leiten
Baumstoßindex:	beobachtetes Baumstoßen
Einzelgängerindex:	beobachtetes Ziehen als Einzelgänger und als Vor-, Nachbulle
Unabhängigkeitsindex:	beobachtetes Ziehen als Leit-, Front-, Vor-, Nachbulle und als Einzelgänger
allgemeiner Assoziationsindex:	die Anzahl der Bullen, mit denen der Bulle im Mittel aller Beobachtungen zusammen zog
spezieller Assoziationsindex:	die Anzahl der Bullen, mit denen ein Bulle häufig (Anzahl der Beobachtungen [Tab. 10] x Ausgleichsfaktor = ≥ 14) zusammen gesehen wurde

Die Indices dienen dem Vergleich *verschiedener* Bullen in Hinsicht auf *eine* bestimmte Eigenschaft, sie geben *nicht* ein Maß für den Ausprägungsgrad verschiedener Eigenschaften *eines bestimmten* Bullen.)

Bulle Nr.	Altersklasse	Leit-	Baumstoß-	Einzelgänger-	Unabhängigkeits-	allgemeiner	spezieller
				Index		Assoziations-	
92	F	17	0	11	36,5	7	8
75		24	0	0	28	6	2
28	E d	22,5	1,5	3	39	9	7
87	E b	3	0	0	6	8	12
47		9	0	13,5	27	4	0
32	E a	0	0	0	6	3	2
26		12	3	5	24	6	4
96	D d	4,5	1,5	6	12	7	7
93		7	9	7	22,5	8	14
31		1,5	1,5	10	17	7	8
30		1,5	0	1,5	5,5	6	5
94	D b	2,5	2,5	14,5	23,5	7	9
111	C d	0	0	0	0	10	11
24		0	0	5	10	5	2
18		0	6	23	25	3	2
14		0	3	6	29	10	12
110	C c	3,5	3,5	0	7	11	16
60		0	0	0	0	11	14
23		1,5	1,5	1,5	5	10	15
27	C b	0	0	0	2,5	9	13
25		0	0	0	0	10	9
17		0	0	0	3,5	8	6
139	C a	0	0	0	0	10	16
131		0	2	2	2	6	3
68		0	4	0	0	8	14

3. Rollen in den Bullengruppen

Zur Erläuterung des Rollenbegriffs sei zunächst die Zugweise von Bullengruppen verschiedener Stärke kurz beschrieben:
Bei 2 Bullen zieht manchmal der Ranghohe und manchmal der Rangtiefe vorn. Es hängt vom Vertrautheitsgrad, der Zugrichtung, der Ziehgeschwindigkeit, der Größe des Rangunterschieds und anderem ab, wer vorn zieht; zusammen wird es von so vielen Faktoren bestimmt, daß die Gesetzmäßigkeiten, die vorliegen, nicht festgestellt werden konnten.
Wenn 3 Bullen zügig ziehen, gehen sie immer in folgender Reihenfolge: vorne der β-Bulle als Frontbulle, hinten der α-Bulle, der zugleich der Leitbulle ist, und in der Mitte der ω-Bulle (s. Abb. 11). So zog in der Trockenzeit 1968 der Bulle M94 (Db) häufig als β-Bulle mit dem älteren M26 (Ea) und dem jüngeren M131 (Ca): 26 (α)–131 (ω)–94 (β) und als ω-Bulle mit den älteren Bullen M26 und M96 (Dd): 26 (α)–94 (ω)–96 (β).
Einmal zog er mit dem Altbullen M92 (F) und dem jüngeren Bullen M111 (Cd) als β-Bulle: 92 (α)–111 (ω)–94 (β).[4]

Tabelle 14 Vergleich subjektiv geschätzter mit quantitativ ermittelter Einteilung der 25 am häufigsten beobachteten Bullen im Hinblick auf 2 Eigenschaften.

	Einzelgängerisch (intuitive Einteilung)	Einzelgänger-Index (quantitativ gewonnen)	Unabhängigkeit („initiativfreudig", intuitive Einteilung)	Unabhängigkeits-Index (quantitativ gewonnen)
sehr stark			92, 28, 47, 26, 18	28, 92
stark	47, 18	18	75, 96, 93, 31, 94	26, 93, 94, 75, 47, 18
deutlich	92, 26	94, 47, 92, 31	24, 14, 110, 23	31, 96, 24, 14
schwach	96, 93, 31, 94, 14	96, 93, 14, 26, 24	87, 30, 27, 25	110, 87, 32, 30, 23, 17
sehr schwach	24, 110, 23, 75, 28, 32, 27, 131, 68	28, 131, 30, 23	32, 111, 60, 131, 68, 17, 139	27, 131
nicht	87, 30, 111, 60, 25, 17, 139	75, 87, 32, 111, 110, 60, 27, 25, 17, 139, 68		111, 60, 25, 139, 68

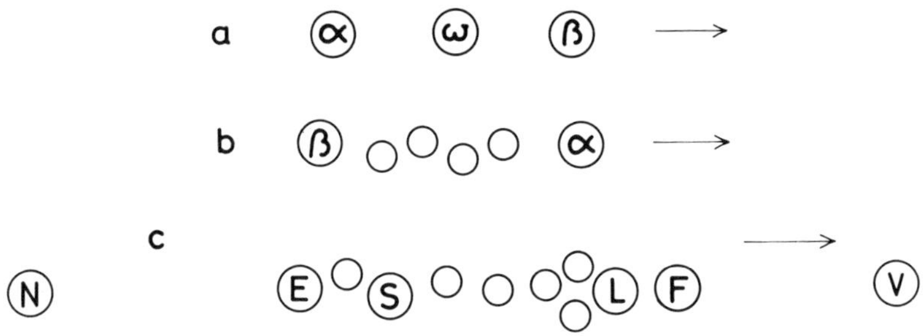

Abb. 11 Zugweise von Bullengruppen. (a: Kleinstgruppe, b: mittlere Gruppe, c: große Gruppe; V: Vor-, N: Nach-, F: Front-, E: End-, L: Leit-, S: Stabilisierungsbulle; ⟶: Zugrichtung)

Wird die ziehende Bullengruppe größer, so kann diese Zugordnung beibehalten werden, d. h., der stärkste Bulle zieht als Leitbulle hinten, der zweitstärkste als Frontbulle vorn und die übrigen in der Mitte. Ab 5 Tieren aber sieht man häufiger, daß der stärkste Bulle als Frontbulle leitet und der zweitstärkste als letzter geht.

Bei einer Störung kann die erste in die zweite Zugordnung umschlagen: der bisher von hinten führende α-Bulle dreht flüchtig ab, und die anderen folgen ihm nach; der β-Bulle geht jetzt als letzter. Bei den Bullengruppen besteht also eine gleiche Struktur wie bei den Kuheinheiten: die Gruppe oder Einheit wird durch 2 alte erfahrene Front- und Endtiere stabilisiert.

Bei größeren Bullengruppen lassen sich folgende Rollen, die von bestimmten Bullen wahrgenommen werden, unterscheiden:

20–100 m vor und hinter dem eng zusammen ziehenden Trupp zieht je ein Bulle (ausnahmsweise auch 2 entfernt voneinander ziehende Bullen): Vor- und Nachbulle(n). Der erste Bulle des Trupps bleibt für lange Zeit der gleiche, er kann zugleich α- und Leitbulle, oder nur eines von beiden oder keines von beiden sein. Ein entsprechender Bulle, der ebenso α- oder Leitbulle sein kann, aber nicht muß, geht am Ende des Trupps. Im Trupp gibt es den α-Bullen (der stärkste, der alle anderen z. B. vom Futter wegjagen kann) und den Leitbullen, der die Zugrichtung bestimmt. Leit- und α-Rolle werden häufig vom gleichen Bullen ausgeführt, oft aber auch nicht. Dann gibt es in den Gruppen ältere, ruhige, nicht leitende Stabilisierungsbullen, die meist am Ende des Trupps ziehen und bei einigen großen Gruppen eine bedeutende Funktion für den Zusammenhang und eventuell den geordneten Rückzug der Gruppe haben. (Es handelt sich sozusagen um die mehreren Individuen übertragene β-Rolle der kleineren Gruppen.) Ein nicht leitender α-Bulle ist meist Stabilisierungsbulle.

4 Zugrichtung jeweils von links nach rechts.

U. U. können ältere nicht leitende Bullen gegen den Leitbullen eine andere Richtung bestimmen; zwei Beispiele:
Am 7. 8. 68 weigerte sich die Bullengruppe 101, dem Leitbullen M75 (zugleich α-Bulle) nach Westen zu folgen. (Die Gruppe hatte Wind, und der scheue Leitbulle wollte sich nach Westen zurückziehen, die vertrauteren Bullen der Gruppe dagegen wollten trotz des Menschengeruchs weiter in ihr gewohntes Äs- und Trinkgebiet ziehen.) Eine Stunde lang kamen sie nicht von der Stelle. M75 ist ein Leitbulle, der als Endbulle leitet. Als Frontbulle hätte er die Gruppe vielleicht mitgenommen, so aber zogen die vorderen der Gruppe weiter und beachteten seine Richtungsänderung hinten nicht. Kam er nicht nach, so blieben sie stehen und bewegten sich etwas in seine Richtung, er etwas in ihre. So bewegten sie sich etwa auf der Winkelhalbierenden der von beiden Teilen angestrebten Richtungen. Da schlug der Wind um, und auch die vertrauten Bullen zogen mit M75 nach Westen.
Am 18. 10. steuerten M87 (Eb) und M93 (Dd) hinten so lange gegen den vorne führenden α-Bullen M28 (Ed), als dieser auf Menschengeruch zuführte, bis der Pulk mit ihnen abdrehte und M28 dann dem Pulk folgen mußte.
Ältere Bullen reagieren stärker auf Umweltereignisse und weniger auf das Verhalten junger Bullen. Die jüngeren dagegen reagieren stärker auf das Verhalten der alten, weniger auf Umweltereignisse.
Stoßen neue Tiere zu einer Bullengruppe, so kann sich dadurch die Rangordnung und damit die Rollenverteilung und die Zugordnung ändern. (Wenn z. B. zu einer Kleingruppe ein Bulle stößt, der stärker als deren α-Bulle ist, so wird der bisherige α- zum β-Bullen und nimmt einen anderen Ort in der Zugordnung ein (s. o.). Oder wenn bei den zu einer größeren Gruppe gestoßenen Tieren ein junger aktiver Leitbulle ist, so kann der bisher vorn leitende α-Bulle Leit- und Frontrolle aufgeben und als Stabilisierungsbulle hinten mitziehen, er kann aber auch die Leitung behalten und dem jungen Bullen nur die Frontrolle überlassen.)
Die in den meisten Bullengruppen verwirklichten Rollen (Tab. 15) sollen im folgenden aufgeführt und ihre Träger stichwortartig gekennzeichnet werden.

α-Bulle,
jung- bis altadult, wenn initiativfreudig, ist er gleichzeitig der Leitbulle; wenn ohne Initiative, wirkt er als Stabilisierungsbulle im Pulk, reagiert unabhängig; stößt sehr selten Baum um.

Leitbulle,
jung- bis altadult, initiativ- und assoziationsfreudig, ruhig, furchtlos, häufig etwas aggressiv; bestimmt Richtung und Zeitpunkt einer Ortsveränderung,

Tabelle 15 Anzahl der Rollenbeobachtungen für die 25 am häufigsten gesehenen Bullen.
(Da die Bullen verschieden oft beobachtet wurden – vorletzte Spalte –, sind für Vergleiche die Beobachtungszahlen mit den Ausgleichsfaktoren der letzten Spalte zu multiplizieren)

Bulle Nr.	Altersklasse	Alpha-Bulle	Leit-Bulle	Beta-Bulle	Omega-Bulle	Vor-Nach-Bulle	Front-Bulle	End-Bulle	Baumstoß-Bulle	Einzelgänger	Anzahl der Beobachtungen	Multiplikationsfaktor
92	F	10	6			1	3	1		3	13	2,8
75		8	6				1	3			9	4
28	E d	20	16	4		2	10	1	1		25	1,4
87	E b	5	1	4			1				12	3
47		2	2	1		1	1			2	8	4,5
32	E a			6			1				6	6
26		18	12	9		3	7	4	3	2	37	1
96	D d	4	3	2		3	1		1	1	24	1,5
93		4	3	2		2	2		4	1	16	2,3
31		1	1	2		6	3	3	1		21	1,7
30		1	1	5		1	2	2			26	1,4
94	D b	2	2	3	1	10	5	1	2	1	27	1,3
111	C d			1							19	1,9
24		1			2	1	1				7	5,1
18				4	5	13	2	5	6	10	36	1
14				1		2	1		1		12	3
110	C c	1	1				1		1		10	3,6
60				1							10	3,6
23		1	1		2	1	1		1		21	1,7
27	C b				3		1	1			15	2,4
25					1						11	3,3
17				1	6		1				11	3,3
139	C a			1	6						17	2,1
151					11	1			1		17	2,4
68					5				1		9	4

zieht als erster oder letzter vorn oder hinten im Pulk, deckt Rückzug mit drohenden Demonstrationswendungen, reagiert unabhängig, zieht manchmal allein; stößt sehr selten Baum um.

Vor-Nachbulle,
matur bis jungadult, initiativfreudig, furchtlos, ruhig oder erregbar, friedlich oder aggressiv, späterer Leitbulle; zieht 50–100 m vor oder hinter dem Pulk, reagiert unabhängig, zieht auch allein; bei Gefahr verhält er sich entweder still (»drückt« sich) oder flüchtet zum Pulk oder allein vom Pulk weg (wenn sich ihm dabei Jungbullen anschließen, wird er α- und Leitbulle), deckt Rückzug; häufig zwei bei einer Gruppe; stößt sehr selten Baum um.

Stabilisierungsbulle,
matur bis altadult, ruhig, friedlich, furchtlos, ohne Initiative, assoziationsfreudig; ranghoher Bulle, der im Pulk mitzieht und den Reaktionen der Leitbullen sofort nachkommt; die meisten Jungbullen scharen sich um ihn (weil er die geringsten Ortsveränderungen langsam durchführt, ist es für sie am leichtesten, sich ihm anzuschließen); zieht sehr selten allein, kann α-Bulle sein, kann Leitrolle übernehmen; stößt keine Bäume um.

Baumstoßbulle,
(immaturer), maturer bis jungadulter Bulle, initiativfreudig, furchtlos, friedlich oder aggressiv, mehr ruhig als erregbar; reagiert unabhängig, zieht auch allein, kann später Leitbulle werden, stößt regelmäßig Bäume um, »übt« Baumstoßen; der Krach des Umstürzens und das Hinzueilen der anderen (er wird häufig von Ranghöheren vertrieben) scheinen belohnend zu wirken.

Pulkbulle,
immatur bis jungadult, rangtiefer Bulle, ohne Initiative, furchtsam, assoziationsfreudig, ruhig oder erregbar, aggressiv oder friedlich; schließt sich immer an andere an und richtet sich nach deren Reaktionen, zieht nie allein; kann, wenn ruhig, im Alter Stabilisierungsbulle werden; stößt manchmal Bäume um.

ω-Bulle,
immatur bis jungadult, mehr erregbar als ruhig, friedlich oder aggressiv, furchtsam oder furchtlos, dient den anderen, besonders den nur wenig stärkeren als »Sparringspartner«; selten »Prügelknabe« für Ranghöhere.

Einzelgänger,
matur bis senil, initiativfreudig, einzelgängerisch, ruhig, furchtlos, aggressiv oder friedlich; α-, Vor-, Nach-, Baumstoßbulle zeitweise, Leitbulle selten,

Stabilisierungsbulle sehr selten, Pulk-, ω-Bulle nie; außerdem senile Tiere und ganz selten asoziale Tiere.

Es wird weitere Rollen (z. B. im Zusammenhang mit Wassersuchen) geben, die an diesem Bullenverband nicht beobachtet wurden.
Ein Bulle kann mehrere Rollen gleichzeitig innehaben (s. o.), aber alle angeführten Rollen wechseln unabhängig voneinander. Manche Rollen sind unvereinbar. (So natürlich α - und ω-Rolle, End- und Frontrolle, aber wahrscheinlich auch Stabilisierungs- und Vor-Nachrolle und Baumstoß- und Stabilisierungsrolle.) Andere Rollen sind mehr oder weniger stabil miteinander korreliert (besonders stark z. B. α- mit End- und β- mit Frontrolle in Kleingruppen).
Verschiedene Bullen können die gleiche Rolle unterschiedlich durchführen, z. B. das Baumstoßen (s. Abschn. D III d 5) oder auch unterschiedlich korrelieren, z. B. das Leiten (M26 und M28 sind als Leitbullen meist Frontbullen, während M30 oder M87 meist als Endbullen leiten).
Manche Bullen sind stark an bestimmte Rollen gebunden (Tab. 15), z. B. M18 und M94 an die Vor-Nach-, M26 und M28 (diese beiden leiten auch, wenn sie nicht die α-Bullen sind) an die Leit- oder M30, M87 an die Stabilisierungsrolle; andere Bullen sind plastischer und lassen sich von einem anderen Bullen, der ranghöher oder stärker an eine Rolle gebunden ist, aus dieser verdrängen.
Seine bestimmte Fähigkeit und sein Temperament, d. i. seine individuelle Kombination aus angeborenen und erworbenen Strukturen und die spezielle

Tabelle 16 Dauer von Äsen, Ziehen, Stehen, Trinken und Liegen von Elefantenbullen in der Trockenzeit in 24 Stunden.

Datum	Anzahl der beobachteten Bullen	Äsen (stehend, ziehend)	Ziehen (ohne zu äsen)	Stehen (dösen, staubbaden)	Trinken (schlamm-baden)	Liegen
		Mittelwert in Minuten				
9./10. 68 (24 Stunden)	3	995	85	175	80	105
27. 8. 68 (12 Stunden tagsüber)	5	525	45	130	20	—
12. 10. 68 (12 Stunden nachts)	8	405	35	180	—	100
		1925	165	485	100	205
	Stunden/24 Stunden	16	1,4	4	0,8	1,8

Rang-, Assoziations-, Temperaments- und Rollensituation in seiner Gruppe veranlassen den Bullen, eine bestimmte Rolle wahrzunehmen und sich u. U. an sie zu gewöhnen.
Interessant wäre es, zu analysieren, wie die Temperamenteigenarten untereinander und mit den Rollen der Bullen korrelieren. Dazu brauchte man umfangreicheres und genaueres Material, als es bisher vorliegt.
Hier sollte nur darauf hingewiesen werden, a) *daß* und b) *wie* man Einzeleigenschaften von Tierindividuen fassen und unterscheiden und zu den Rollen, die die Individuen wahrnehmen, in Beziehung setzen kann.

d. Verhalten

Im Mittel verbrachten 16 Bullen, die zweimal 12 und einmal 24 Stunden beobachtet wurden, 24 Stunden mit folgenden Aktivitäten (Tab. 16):

äsen (stehend, langsam ziehend)	: 16,— h
trinken (schlammbaden)	: 1,— h
ziehen (zielgerichtet, ohne zu äsen)	: 1,75 h
stehen (dösen, staubbaden)	: 3,— h
liegen	: 2,25 h
	24,— h

Die einzelnen Verhaltensweisen werden im folgenden beschrieben.

1. Nahrungsaufnahme

Die weitaus meiste Zeit des Tages verbringen die Elefanten mit Äsen. Sie leben in sehr verschiedenen Biotopen (s. Abschn. C) und ernähren sich dabei von verschiedenem Pflanzenmaterial. Für das Angebot an Futterpflanzen im Beobachtungsgebiet s. Hendrichs 1970. Die Pflanzen, die Elefanten ästen, sind in Tab. 17 aufgeführt. Es sind hauptsächlich Bäume, Sträucher und Kräuter. Gras, das in anderen Gebieten den Hauptteil der Nahrung der Elefanten ausmacht, spielt nur in der Regenzeit eine Rolle.
Die verschiedenen Futterarten werden in folgender Weise aufgenommen:

(1) Gras

Im Beobachtungsgebiet äsen die Elefanten vor allem in der Regenzeit auch Gras: sie fassen dabei ein Grasbüschel mit dem gebogenen Rüsselende und reißen es ab, oder sie stoßen bzw. schieben es mit dem Vorderlauf ab.
a) sie stoßen mit der Vorderlaufvorderkante gegen das Grasbüschel unter dem Rüsselende, das Gras reißt mit einem dumpfen Knall,
b) sie schieben mit einem Vorderlauf von der Seite gegen das Rüsselende,

Tabelle 17 Die Nahrung der Elefanten im Beobachtungsgebiet.
(Zahl der im SNP vorkommenden Pflanzenarten nach Greenway 1966; A: Äste, F: Früchte, L: Laub, R: Rinde, W: Wurzeln)

Familie	Gattung	Zahl der im SNP vorkommenden Arten	Benutzung als Futterpflanzen (Artenzahl)			gefressene Teile
			ja	nein	fraglich	
Dicotyledoneae						
Acanthaceae	Blepharis	4	1+			
Anacardiaceae	Heeria	2	2			L
	Lannea	5	4		1	L
	Rhus	1	1			L
	Sclerocarya	1	1			R, F
Apocynaceae	Acokanthera	2		2		
	Carissa	1			1	
	Rauvolfia	1	1			L
	Saba	1			1	
Bignoniaceae	Kigelia	1	1			(L, F)
Burseraceae	Commiphora	5	4		1	L, F, W
Boraginaceae	Cordia	3	2		1	L
	Ehretia	2			2	
Caesalpiniaceae	Cassia	6		6		
	Delonix	1			1	
	Pterolobium	1			1	
	Tamarindus	1	1			L
	Tylosema	1			1	
Capparidaceae	Boscia	1			1	
	Cadaba	2	2			L
	Capparis	3	3			L
	Courbonia	1	1			L
	Crateva	1	1			L
	Maerua	6	4		2	L
Canellaceae	Warburgia	1			1	
Combretaceae	Combretum	3	1		2	L
Compositae	Aspilia	1	1			L
	Pluchea	5	+			L
Euphorbiaceae	Acalypha	4	1		3	L
	Croton	1	1			L
	Euphorbia	8	2		6	(L, R)
	Neoboutonia	1	1			L
	Drypetes	1			1	
	Phyllanthus	5	1		4	L
	Ricinus	1		1 ?		
Flacourtiaceae	Flacourtia	1		1		
	Oncoba	1	1			L
Malvaceae	Abutilon	3	1		2	L
Mimosaceae	Acacia	19	12	1	6	L, R, F, A
	Albizia	3	2		1	L, A

Tabelle 17 Fortsetzung

Familie	Gattung	Zahl der im SNP vorkommenden Arten	Benutzung als Futterpflanzen (Artenzahl) ja	nein	fraglich	gefressene Teile
	Dichrostachys	2	1		1	L
	Entada	1			1	
Moraceae	Ficus	12	+			(L), F
Myrsinaceae	Maesa	1		1		
Olacaceae	Ximenia	2	1		1	F
Oleaceae	Jasminum	1			1	
	Olea	2		2		
Papilionaceae	Dalbergia	2			2	
	Erythrina	2			2	
	Indigofera	18	+			L
	Lonchocarpus	1	1			L
	Ormocarpus	1	1			L
	Sesbania	2	2			L
Polygonaceae	Oxygonum	1	1			L
Rhamnaceae	Ziziphus	2	2			L, R
Rubiaceae	Gardenia	2	1		1	L
Rutaceae	Teclea	4	3		1	L
Salvadoraceae	Salvadora	1	1			L
Sapindaceae	Allophylus	2	2			L
	Aphania	1			1	
	Pappea	1	1			(R, F)
Simaroubaceae	Balanites	1	1			L, F, W
	Harrisonia	1			1	
Solanaceae	Solanum	8	+			L
Sterculiaceae	Hermannia	2	1		1	L
Tiliaceae	Grewia	7	4		3	L, A
Verbenaceae	Clerodendrum	2			2	
	Durantia	1			1	
	Lantana	2	2			(L, R)
	Lippia	3	1		2	L
	Vitex	1			1	
Vitaceae	Cissus	2	2			L
	Cyphostema	5			5	
	Rhoicissus	1	1			L
Monocotyledoneae						
Agavaceae	Sanseviera	3	+			succulente Blätter
Commelinaceae	Commelina	8	+			L
Cyperaceae	Cyperus	14	2		12	L
Liliaceae	Aloe	5	+			succulente Blätter
Palmae	Phoenix	1	1			L

Tabelle 17 Fortsetzung

Familie	Gattung	Zahl der im SNP vorkommenden Arten	Benutzung als Futterpflanzen (Artenzahl) ja	nein	fraglich	gefressene Teile
Gramineae	Andropogoneae:					
	Bothriochloa	4	+			
	Themeda	1	1			
	Chloridae:					
	Chloris	4	+			
	Cynodon	2				
	Eragrosteae:					
	Dactyloctenium	1				
	Eragrostis	12				
	Harpachne	1				
	Paniceae:					
	Brachiaria	8				
	Cenchrus	1				
	Digitaria	6	+			
	Panicum	10	2 +			
	Pennisetum	4	2 +			
	Sporoboleae:					
	Sporobolus	18	1 +			
	Stepeae:					
	Aristida	4				
	Setaria	8				

c) sie schwingen den Vorderlauf nach vorne, und beim Zurücknehmen schieben sie mit der Laufhinterseite gegen das Rüsselende und reißen dadurch das Gras ab.

Ehe das abgerissene Gras ins Maul geführt wird, kann es gegen die Vorderläufe oder unter die Brust geschlagen werden.

(2) Sträucher und Stauden

Sträucher und Stauden können wie Gras aufgenommen werden, häufig werden sie aber mit den Wurzeln und der daran haftenden Erde aus dem Boden gezogen. Dann hat das Schlagen gegen die Vorderläufe oder unter die Brust die Funktion, Erde abzuschütteln. Die Schüttelbewegung wird auch durchgeführt, wenn die Staude über dem Boden abriß, also keine Erde daran ist. Einzelne Elefanten schieben die Stauden immer so ins Maul, daß das erdige Ende an der gleichen Seite herausragt. Aus dem Maul ragende Zweige werden mit dem Rüssel abgerissen und ins Maul geführt.

(3) Einzelne Sträucher oder Baumzweige

Die Finger des Rüsselendes betasten den Zweig, erfassen ihn dann und legen

Abb. 12 Elefantenschaden.
a Von Bullen umgestoßene und dann geäste und entrindete Akazie (*Acacia clavigera*)

b Von Elefanten entrindete Akazie (*Acacia tortilis*)

ihn um das gebogene Rüsselende, welches sich dabei windet. Mit dem Rüsselende reißt der Elefant an dem umgewundenen Zweig, dessen Ende mit den Fingern gegen den Rüssel gedrückt wird, und der Zweig reißt am Hauptast oder zwischen Rüssel und Hauptast. Reißt ein größerer Ast mit ab, wird er vor die Füße gelegt; das Tier stellt einen Vorderlauf darauf und reißt kleine Zweige in der beschriebenen Weise ab und führt sie zum Maul.

(4) Äste

Größere schräge und horizontale Äste und Stämme werden abgebrochen, indem der Rüssel darübergelegt und der Ast dann von oben nach unten oder auf das Tier zu abgebrochen wird. Um hohe Äste zu erreichen, hocken sich die Elefanten manchmal auf die Hinterläufe, schwingen mit dem Vorderkörper hoch und reichen mit dem Rüssel an den Ast; meist bleibt einer der Vorderläufe auf dem Boden, und der andere schwingt mit nach oben. Bei maturen Bullen sah ich aber auch, daß beide Vorderläufe vom Boden gingen. Dadurch erreichen die Elefanten sehr hohe Äste, ohne den Baum umzustoßen.

(5) Bäume

Die bisher beschriebenen Ernährungsweisen sind bei *Kühen* und *Bullen gleich*. Bullen stoßen außerdem noch Bäume um, Kühe nicht. Zweige, Rinde und Wurzeln eines von Bullen umgestoßenen Baumes (Abb. 12 a) werden natürlich auch von Kühen und Kälbern gefressen, wenn Familieneinheiten in der Nähe sind. Da das Baumstoßverhalten das Biotop besonders beeinflußt und auch im Sozialverhalten eine Rolle spielt, wird es im Abschn. D III d 5 gesondert beschrieben.

Die weiteren Ernährungsarten gelten wieder für Bullen und Kühe in gleicher Weise.

(6) Rinde

Ein Stoßzahn wird zwischen Rinde und Stamm gestoßen und einige Male auf und ab geführt; dabei löst sich ein hand- bis spannbreiter Streifen Rinde (Abb. 12 b). Wird der Stoßzahn vom Stamm weggeführt, reißt der Rindenstreifen an einer Stelle, ein Ende des Streifens wird mit den Rüsselfingern ergriffen, ums Rüsselende gedreht, abgerissen und ins Maul geführt.

Rundum entrindete Bäume gehen meist ein; bei Insektenbefall sterben auch nicht vollständig entrindete Bäume. So können auch Familieneinheiten, die länger in einer Gegend bleiben und täglich etwa 5 % ihres Körpergewichtes fressen (vgl. Laws und Parker 1968), dort das Biotop beeinflussen. Verstärkt wird diese Wirkung durch das Baumumstoßen der Bullen (s. u.).

(7) Wurzeln

Mit den Stoßzähnen im Boden bohrend werden die Wurzeln freigelegt, oder sie ragen bei umgeworfenen Bäumen in die Luft. Sie werden dann wie Zweige oder Äste behandelt.

(8) Früchte

Früchte werden abgepflückt oder aufgelesen und mit den Rüsselfingern ins Maul gesteckt.

Tabelle 18 Verteilung der Ruhe- und Trinkzeiten der Bullen über den Tag.
Die in Klammern stehenden Zahlen geben die Anzahl der Gruppen an, in denen die Elefanten beobachtet wurden.

Tageszeit (Lokalzeit LZ = Wahre Ortszeit + 45′)	Anzahl der beobachteten Elefanten ruhend (dösend stehend)	liegend	trinkend (badend)	Bemerkungen
5—6				
6—7				
7—8				
8—9				
9—10	12 (2)	1*)		*) Jungtier
10—11	17 (4)	1*)		*) Jungtier
11—12	23 (6)			
12—13	38 (8)		7 (3)	
13—14	59 (9)	2*)		*) Jungtiere
14—15	40 (5)	6*)	12 (1)	*) Jungtiere
15—16		1*)	14 (3)	*) Jungtier
16—17			25 (4)	
17—18			13 (2)	
18—19			8 (2)	
19—20				
20—21				
21—22				
22—23				
23—24				
24—1				
1—2				
2—3		6		
3—4		10		
4—5		11		
5—6		8		
6—7		2		
7—8				
8—9				

(9) Salz

Wasser und Erde sind im Beobachtungsgebiet so salzhaltig, daß kein besonderes Bedürfnis nach Salz entsteht. Erde wird ganz selten mit dem Rüssel aufgenommen und ins Maul geführt.

(10) Saugen

Kälber saugen mit dem Maul, nicht mit dem Rüssel. Dieser wird auf den Kopf nach hinten gelegt oder herunterhängen gelassen. Die Kälber saugen meist im spitzen Winkel von der Seite an den zwischen den Vorderläufen

der Mutter gelegenen Zitzen, auch bisweilen von vorne, zwischen den Vorderbeinen stehend.
Kleinstkälber machen häufig schon leere Äsbewegungen: die Finger an dem herunterhängenden Rüssel, der den Boden noch nicht erreicht, greifen und angeln zwischen Grashalmen herum, ohne etwas zu fassen. Das angebogene Rüsselende dreht sich dabei windend mit. Der Rüssel schwingt dann einige Male zum Maul, ohne es zu erreichen. Später wird das Rüsselende auch ins Maul gelegt.
Ältere Kälber saugen noch (wenn das nächste Kalb umkam?), wenn sie wegen ihrer Größe kaum mehr dazu in der Lage sind; sie stemmen die Vorderläufe aus, und in verkrampfter Haltung (Senkrücken) gelingt es ihnen noch, mit dem Maul die Zitzen zu erreichen; die Kuh hält dazu den Vorderlauf vor.

(11) Trinken

Obwohl den Bullen jederzeit Wasser in wenigen Kilometern Entfernung erreichbar war, tranken sie meist nur einmal am Tag, und zwar am Spätnachmittag, selten mittags (s. Tab. 18). Das eigentliche Trinken dauerte meist weniger als 20 Minuten. Das Rüsselende wird kurz ins Wasser gehalten, dann ins Maul geführt; danach wird die Rüsselschlinge immer höher gehoben; man hört das Wasser von selber aus dem Rüssel platschend ins Maul fließen, es wird nicht geblasen. Nach etwa einem Dutzend »Rüsseln« ist der Durst für weitere 24 Stunden gestillt. Vor- und nachher wird der Rüssel häufig mit Wasser durchgespritzt.
Für Ernährung, Trinken und Körperpflege (s. u.) ist die Geschicklichkeit des Rüssels sehr wichtig. (Mit den Fingern nehmen Elefanten z. B. Blättchen auf, die auf die umgebogene Rüsselinnenseite gefallen sind.) Es ist daher erstaunlich, mit wie kurzen Rüsselstümpfen (ohne Finger!) Elefanten noch überleben können. Bei einem Jungbullen war nur noch die Hälfte des Rüssels übrig, er benutzte den Stumpf, der das Maul nicht mehr erreichte, zum Äsen: mit dem Kopf stellte er sich ins Gebüsch, mit langsamen Bewegungen des Stumpfes, zuerst von oben nach unten, schob er Geäst zusammen, das er dann mit Stumpfbewegungen zu sich hin, immer näher zum Kopf, brachte, bis er es schließlich mit dem Maul fassen konnte. Der Bulle wirkte normal ernährt und war nicht der Rangtiefste der Gruppe.
Insgesamt sah ich drei immature bis mature Bullen ohne Rüsselende, keinen adulten.

2. Harnen und Koten

Die Bullen koten etwa 20mal in 24 Stunden (vgl. Dougall 1963), nach Dougall und Sheldrick (1964) etwa 65 kg Frischmasse in 12 Stunden.

Abb. 13 Ziehen. a: Vertraut ziehende Bullen, etwas äsend. (September 1968; von links: M18, M139, M94; im Hintergrund Galeriewald des Seronera-Flusses, Palmen: *Phoenix reclinata*)

b: Beschleunigtes Ziehen. (Die gleichen Bullen wie a, leicht gestört)

Beim Koten wird der Rücken angekrümmt, die Ohren sind aufgeklappt, der Penis meist ausgeschachtet; beim Harnen (etwa 10mal am Tag) wird er regelmäßig ausgeschachtet. (Bei jüngeren Bullen muß man häufig bis zum Harnen warten, ehe man sicher ist, daß man einen Bullen und keine Kuh vor sich hat.) Harnen und Koten sind nicht orts- oder zeitgebunden und haben keine soziale Funktion.

3. Bewegungsarten

Neben dem äsenden *Bummeln* (Abb. 13 a) lassen sich beim äslosen Ziehen folgende Bewegungsarten unterscheiden:

(1) Der normale Ziehgang

In einer Stundengeschwindigkeit von 5–7 km (im Mittel 5,5) ziehen die Elefanten durch das Gelände (Abb. 13 b); der gleiche Fuß wird 20–30mal in der Minute aufgesetzt (5500 m/h = 90 m/min, 90 : 22,5 = 4 m/Schritt). Immer wieder ist bei normalem Ziehen einer Gruppe die Koordination der Bewegungen der einzelnen Tiere verblüffend, wenn sie z. B. auf eine Menschenfährte stoßen und momentanes Verhoffen, den Boden mit dem Rüssel Betasten und abdrehende Fluchtwendung synchron ausführen.

c: Bullen im Eilschritt. (Akaziensavanne, im Hintergrund der Banagi-Berg, an dessen Fuß Galeriewald des Orangi-Flusses; 24. 10. 1967)

(2) Nickgang

Bei jedem Schritt knickt der Elefant ganz leicht in den Läufen ein, der Kopf geht dabei wie an einem vertikalen Schild im Hals auf und ab, die anliegenden Ohren und der herunterhängende Rüssel werden ruhig gehalten; oder – bei stärkerer Intensität – die Ohren klappen beim Hochgehen des Kopfes auf, und der Rüssel schwingt leicht nach vorn.

Der Nickgang weist auf besondere Zielgerichtetheit hin: so werden die letzten 100 m vor einer Wasserstelle oft im Nickgang zurückgelegt.

(3) Eilschritt

Erschreckte Flucht geschieht häufig in einem verstärkten Nickgang: 10–20 km/h (Abb. 13 c). Die Läufe knicken ein, die Ohren, besonders die oberen Ränder, klappen schlaff auf und ab, der Schwanz wird horizontal, etwas seitlich, gehalten. Der Hauptunterschied zum Nickgang ist der sehr hochgehaltene, nicht nickende Kopf (bewirkt Senkrücken); der Rüssel hängt pendelnd.

Nur selten und für kurze Strecken flüchten Elefanten erschreckt im Eilschritt, meist gelingt ihnen ein geordneter, oft geräuschloser Rückzug.

Es ist erstaunlich, wie lautlos eine vorher kilometerweit hörbare Gruppe verschwinden kann, nachdem sie Wind bekommen hat.

(4) Trab und Galopp

Die bei anderen Tieren häufigen Gangarten Traben und Galoppieren treten beim Elefanten normalerweise nicht auf. Ganz selten traben Elefanten auf ebenem Gelände. R. Trappe (mdl. Mitt.), der Elefanten seit Kindesbeinen kennt, sah im August 1967 im Selous Nationalpark zum erstenmal in seinem Leben einen Elefanten eindeutig galoppieren.

(5) Schwimmen

Im Beobachtungsgebiet ist kein Wasser groß und tief genug zum Schwimmen. In anderen Gebieten (Momella Lakes, Albert-See) sah ich Elefanten im tiefen Wasser. Besonders jüngere Tiere schwimmen und spielen gern im tiefen Wasser und tauchen dabei ganz unter.

(6) Klettern

Es ist erstaunlich, welches Gelände Elefanten ohne erkennbare Schwierigkeiten bewältigen. Sie stiegen felsige Hänge hinauf und hinab, die auch ich nur auf allen Vieren überwinden konnte. Sie nutzen das Gelände bewundernswert aus; u. U. gehen sie längere Strecken rückwärts. Schlammige Ufer-

5 Sonnenaufgang um 6.45 LZ; (die Temperatur sinkt vor Sonnenaufgang bis auf 10° C und steigt tagsüber bis um 30° C).

böschungen gleiten sie stehend auf ihren breiten Sohlen von über 1,0 m^2 Grundfläche (s. Abschn. C) hinunter, nicht selten auch auf der Hinterhand sitzend. Auf der anderen Seite treten sie dann Stufen in die Schlammwand. Wenn sie ungestört sind, prüfen sie unsicheres Gelände – wie eine Sandböschung – lange mit Füßen und Rüssel. Auf der Flucht stürzen sie sich einfach hinein.

4. Ruhen und Komfortverhalten

(1) Liegen

In den Stunden vor Sonnenaufgang[5] legen sich die Bullen für 1–3 Stunden hin. Sie hören nach und nach auf zu äsen, ein jeder zieht zu dem Platz, an dem er sich niederlegen wird, steht einige Zeit, streift die Füße vor- und rückwärts über den Boden, tritt vor und zurück, bläst, trompetet halblaut und legt sich dann hin, häufig auch ohne jegliches Vorverhalten. Sie schieben zuerst die Hinterhand verstärkt unter (»versammeln«), erniedrigen sich dabei etwas, dann halten sie einen Hinterlauf unter die Hinterhand und setzen sich darauf. Mit oder ohne Kopfhochreißen setzen sie anschließend die Vorderläufe getrennt nach vorne und lassen sich auf die Seite fallen, gleich danach gehen meist blasend Gase ab, und der Elefant beginnt laut keuchend zu atmen. Das Keuchen geht dann in dröhnendes Schnarchen über. Das Aufstehen geschieht erstaunlich leicht: der Vorderkörper wird aufrecht geschwungen, die Vorderläufe werden mit oder ohne Kopfhochreißen nach vorne aufgestemmt, und dann geht die Hinterhand hoch; anschließend folgen

Tabelle 19 Schlafzeiten dreier verschiedenrangiger Bullen

Datum, Uhrzeit (LZ)	Bulle Nr.	Bullen-klasse	Stehen (min.)	Liegen (min.)	Äsen (min.)	Ziehen (min.)
10. 10. 68						
0^{00}—8^{00}	26	E a	108	71	251	50
	96	D b	32	100	298	50
	94	D a	16	138	276	50
12. 10. 68						
0^{00}—8^{00}	26		70	108	297	5
	96		11	139	322	8
	94		21	147	310	2
zusammen	26		178	179	548	55
	96		43	239	620	58
	94		37	285	586	52
Mittelwert in min. für 24 Stunden:				117		

Abb. 14 Mittagsrast. (M139, der kleinste einer mittags einstehenden Gruppe, liegt links unter der Schirmakazie, rechts außen M28, rechts vorn M26; 22. 10. 1968)

häufig Schütteln, Harnen, Koten, Scheuern, Recken (s. u.). Jüngere Bullen schlafen länger als alte. Es scheint auch, daß Leitbullen weniger liegen als die anderen und dafür länger stehen. Einige Beispiele gibt Tab. 19. In Gegenden, wo die Elefanten vertraut sind, legen sie sich auch am späten Vormittag oder am frühen Nachmittag hin, besonders die jüngsten Bullen einer Bullengruppe (Abb. 14) oder die Halbwüchsigen in einer Gruppeneinheit oder Konzentration.

(2) Ruhen im Stehen

Elefanten können auch im Stehen schlafen; der Atem geht schwer, häufig keuchend und rasselnd, und manchmal schnarchen sie auch. Dies geschieht in der ein- (selten bis zwei)stündigen mittäglichen Ruhepause (für die Verteilung der Ruhepausen über den Tag s. Tab. 18), die sie im Baumschatten stehend verbringen (Abb. 14). Die Ohren klappen 10–40mal in der Minute, der Schwanz pendelt 40–70mal.

Zum Recken treten die Elefanten einen Schritt mit der Hinterhand zurück oder mit der Vorderhand vor, knicken dann hinten etwas nach hinten ein und spannen den sich in die Länge streckenden Körper an.

(3) Staubbaden

Neben Schlafen und Dösen verbringen die Elefanten die Ruhezeit mit Staubbaden. Ein Vorderlauf wird nach vorne gesetzt, kratzt mit der Hinterkante zurück und mit der Vorderkante von sich fort; mit dem Rüsselende wird die lose zusammengeschobene Erde aufgenommen und auf Kopf, Rücken, die Flanken und unter den Bauch geblasen. Dieses Staubblasen wird auch während des Ziehens ausgeführt.

Ein Jungbulle, dessen untere Rüsselhälfte fehlte, zeigte folgendes Verhalten: in der Mittagspause, wenn sich die anderen mit Erde bewarfen, scharrte auch er mit beiden Vorderläufen Erde los. Der Rüsselstumpf, der zu kurz war, um die Erde erreichen zu können, hing zuerst ruhig nach unten, dann pendelte er hin und her und bewegte sich schließlich einige Male nach oben und zur Seite, in der gleichen Art, wie wenn er Staub bliese.

Abb. 15 Komfortverhalten. a: Kratzen hinter dem Ohr. (M47, in Korongoböschung, nachdem er sich mit Schlamm bespritzt hatte)

b: Scheuern des Ohres. (Fiberakazie *Acacia xanthophlea*)

(4) Schlammbaden
Besonders nach dem Trinken, aber auch zu anderen Tageszeiten, wenn sie an einer Schlammlache vorbeikommen, bespritzen sich die Elefanten gern mit Schlammwasser oder Schlamm, daß es weithin knallt. Wie beim Staubbaden geht der Vorderlauf im Schlamm oft vor- und rückwärts. Manchmal wälzen sie sich auch in einem Schlammbad: sie legen sich hinein, schwingen einige Male hin und her und stehen wieder auf. Ausnahmsweise nur reiben sie Ohren (Abb. 15 a) oder andere Kopfteile direkt mit dem Rüssel.

(5) Bespritzen mit aus dem Maul genommener Flüssigkeit
Einmal beobachtete ich Elefanten, die über eine Stunde gejagt worden waren. Sie stellten sich in einem Gebüsch ein, in dessen Nähe es keinerlei Wasser gab. Dann steckten die Elefanten das Rüsselende ins Maul und schleuderten sich etwa 0,5–1 l klare Flüssigkeit gegen die Kopfseiten. Das Schleudern sah ich nur bei zweien, die anderen waren zum Teil von Gebüsch verdeckt, aber auf allen Köpfen wurden nach und nach dunkle Streifen und Punkte sichtbar, als welche die Flüssigkeit auf den staubigen Häuten erschien.

(6) Komfortverhalten an Bäumen
Nach Schlammbaden, aber auch, wenn sie nur getrunken haben, scheuern sich die Elefanten ausführlich und heftig wenige Minuten lang. Sie reiben Hinterhand, Flanken, Schultern, Kopf und besonders die Kopf- und Halsseiten hinter den Ohren an Bäumen (Abb. 15 b). Dazu geht einer nach dem anderen an den gleichen Baum oder mehrere scheuern sich an benachbarten Bäumen gleichzeitig. Manchmal treten sie über den Stamm eines umgeworfenen Baumes und reiben sich den Bauch.
Bäume benutzen die Elefanten in vielerlei anderen Weisen für ihr Komfortverhalten: sie legen in der Ruhepause den Rüssel auf andere Elefanten oder in Astgabeln oder der Länge nach nach oben auf schräge Äste und Stämme (Abb. 16 b). Oft legen sie den Rüssel über einen Stoßzahn, den sie u. U. wieder in einer Astgabel aufstützen. Häufig scheuern sie beim ruhenden Stehen die Stirn oder die Hinterhand gegen einen Baumstamm oder zwischen einer -gabel. Einmal sah ich einen Bullen mittags richtig in einer Stammgabel, nicht hoch über dem Boden, sitzen.
Das Stemmen der Stirn gegen einen Stamm oder das Scheuern an ihm kann zu Baumstoßbewegungen führen, wie im folgenden Abschnitt ausgeführt wird.

5. Baumstoßen

Die Rolle des Baumstoßbullen ist von besonderer Bedeutung. In jeder Gruppe

Abb. 16 Versuche, verschiedene Stämme des gleichen Baumes (*Acacia tortilis*) abzustoßen. (M18; 16. 10. 1968; Galeriewaldrand am Seronera)
a: mit Rüsselansatzunterseite

b: mit Rüsselansatzoberseite bergab

Abb. 16 c: mit Rüsselansatzoberseite bergauf

d: Ausruhen mit angelegtem Kopf

sind meist ein oder zwei Bullen, die Bäume umstoßen; Kühe reißen wohl Äste oder Rinde ab (s. o.), aber sie stoßen keine Bäume um.
Schon Bullkälber beginnen beim Stirnscheuern an einem Stamm diesen, wenn er dünn genug ist, hin und her zu wiegen. Wenn der Stamm morsch ist, kann er dabei sogar umbrechen.
Einmal sah ich einen Jungbullen sich hinter dem rechten Ohr scheuern, indem er die Ohrhinterseite an einem dünnen Stamm (ca. 50 cm Umfang) auf und ab rieb. Er trat dann einen Schritt zurück und »vergaß« dabei, daß sein Ohr noch vor dem Stamm war; das Ohr fing sich am Stamm, der krachte. Etwa 50 cm über dem Boden war die Rinde gerissen, und zwischen dieser ragten einige weiße Holzsplitter heraus. Der Bulle blieb zunächst erstarrt stehen und begann dann, mit dem Rüssel die Bruchstelle zu betasten, legte schließlich die Rüsselunterseite an den Stamm und drückte langsam gegen ihn. Als der Stamm anfing zu fallen, stand der Bulle noch eine Zeitlang bewegungslos, den Rüssel in der Luft in der Lage haltend, in der er sich befand, als der Stamm zu stürzen begann; dann zog er zur Krone und äste die Zweige des umgefallenen Baumes.
So und ähnlich lernen die Bullen, daß Bäume umstoßbar sind. In der Bullengruppe erleben sie dann fast täglich, wie Umstoßbullen die Bäume umwerfen. Die meisten versuchen es selbst auch einmal. Manche lernen es nie, obwohl

a

Abb. 17 Abstoßen eines Akazienastes. (17. 10. 1968)

a M93 schiebt mit der Rüsselansatzunterseite gegen einen Ast und bringt ihn zum Schwingen, 5 weitere Bullen stehen hinter ihm, M87 und ein anderer noch im Bild

b M93 drückt von der anderen Seite gegen den Ast, M96 links im Bild

c M93 bricht den Ast ab

d M93 versucht, nachdem alle 6 Bullen den abgebrochenen Ast abgeäst haben, den Baum ganz umzustoßen

e M93 bleibt allein am Baum zurück und versucht noch einige Male, ihn umzustoßen

b

c

d

e

sie es immer wieder probieren und ab und zu einen kleinen oder morschen Baum umlegen. Wenn es nach mehreren, meist sehr ungeschickten Versuchen, nicht gelingt, reißen sie »verärgert« Äste ab. Manche – die eigentlichen Baumstoßbullen – bringen es zu großer Fertigkeit im Baumstoßen. Sie schieben u. U. zuerst von allen Seiten probierend gegen einen Baum (fühlen, wo er am stärksten nachgibt), und zwar mit der Oberseite oder der Unterseite des Rüsselansatzes – wie bei Rangauseinandersetzungen – oder fassen an die Wurzeln, ehe sie ihn umstoßen. Das eigentliche Umstoßen kann auf zwei Weisen geschehen (Abb. 16 u. 17). Einmal wird der Baum auf die Oberseite des Rüsselansatzes zwischen den Stoßzähnen genommen und mit mehreren Stößen, bei denen die ganze Körperkraft eingesetzt wird, zum Schwingen gebracht, bis er kracht. Wenn der Stamm gebrochen ist, wird der Baum oft in einer anderen Haltung umgestoßen: der Rüssel wird am Stamm hochgelegt, und der Stamm mit der Unterseite des Rüsselansatzes umgedrückt. Häufig wird der Baum auch nur so umgestoßen (Abb. 17). Der Elefant faßt dazu meist über sich in die erste Astgabel und schiebt mit der Unterseite des Rüsselansatzes.

Auf das Krachen des Baumes hin kommen die meisten Elefanten der Gruppe eilig hinzu, um zu äsen. Manchmal werden der Umstoßbulle und auch andere von den Ranghöheren vertrieben, die sich dann gute Plätze an der Krone des Baumes wählen, meist aber äsen alle gleichzeitig friedlich an dem umgeworfenen Baum. Für die Zeiten, die an verschiedenen Bäumen geäst wurden, s. Tab. 20.

Schon immature Bullen stoßen Bäume oder vertikale Stammäste von 50 cm Umfang um; mature Bullen brechen Bäume von 180 cm Umfang, die meist wenig über 10 m hoch sind, einen Meter über dem Boden. Die Wurzeln der Bäume in der Buschsavanne bleiben sehr an der Oberfläche; auf kurzem Stamm dehnt sich oft eine riesige Krone aus, die leicht Übergewicht nach einer Seite bekommt – in einem Windsturm werden häufig viele Bäume entwurzelt.

Kleine Bäume – bis 50 cm Umfang – werden auch mit den Stoßzähnen seitlich umgedrückt, mit dem Vorderlauf niedergetreten oder durch Rüsselumschlingen hin und her gebogen und mit einem Ruck aus der Erde gezogen.

Alte Bullen stoßen nur noch selten Bäume um; sie tun es nie mehr, wenn es mit großer Anstrengung verbunden wäre.

Die Umstoßbullen »wissen«, daß nach dem Krachen des Stammes die anderen hinzukommen; und deren Herbeikommen scheint für sie eine belohnende Wirkung zu haben. Wenn zwei Bullen ziemlich gleichzeitig einen Baum umstoßen und die übrigen Bullen alle nur zu einem Baum ziehen, wirkt der andere Bulle gestört und erregt. Astkrachen ist schon für Kleinkälber ein Signal, zur Alten mit dem abgebrochenen Ast zu laufen. Die anderen Bullen »wissen« auch, wer regelmäßig Bäume umstößt.

Tabelle 20 Die Nutzung der umgestoßenen Bäume durch die Bullen.

Fortlaufende Nr. des umgestoßenen Baumes	Nr. des Bullen, der den Baum umstieß	Anzahl der am Baum äsenden Bullen	Länge der Zeit, die Umstoßbulle am Baum äste (min.)	Gesamtzahl der Minuten, die Bullen am Baum ästen (1 Bulle/Baum)
1	2	2	6	11
2	2	1	25	25
3, 4	2	1	25	25
5, 6	2	2	65	125
7, 8, 9	3	1	60	60
10	5	5	15	75
11	18	1	30	30
12	64	1	20	20
13	83	2	20	40
14	88	3	15	45
15	14	3	10	30
16	94	1	2	2
17	94	1	2	2
18	94	1	2	2
19	26	1	2	2
20	26	1	2	2
21	98	1	30	30
22	103	1	5	5
23	23	3	5	15
24	18	2	25	45
25	131	3	15	45
26	18	1	3	3
27	94	1	5	5
28	31	10	30	245
29	93	12	10	155
30	28	2	10	15
31	93	10	35	350
32	93	1	20	20
33	68	4	10	40
34	110	13	20	140
35	26	1	15	15
36	96	4	15	60
37	127	2	10	15
37	21	98	564	1699
Mittel:		2,6	15	46

So gelang es einmal einem Bullen, der sonst keine Bäume umstieß, einen Baum umzustoßen, kurz ehe der Baumstoßbulle einen umstieß. Auf das (etwas geringere) Krachen des ersten Baumes reagierten die Elefanten nicht, auf den zweiten Krach hin ließen sie »alles stehen und liegen« und zogen an den umgeworfenen Baum. Der erste Bulle stand und äste zuerst allein an seinem Baum und zog dann nach zu den anderen.
Nicht selbst Bäume umstoßende Bullen reagieren auf den Baumkrach stärker und regelmäßiger als selbst Bäume umstoßende.
Wenn sie sich unsicher fühlen, vermeiden es die Bullen, »Krach zu machen«, d. h. sie reißen keine dicken Äste ab und stoßen keine Bäume um.
Mehr oder weniger genaue Beschreibungen des Baumstoßverhaltens bei Elefanten, z. B. von Aristoteles, Uterverius (1639), Cummings (1904), Schillings (1905) und Bell (1960) zeigen, daß Indische und Afrikanische Elefanten immer schon Bäume umgestoßen haben und daß es wohl keine Reaktion auf die Einengung ihres Lebensraumes ist.
Im Mittel fraßen die Umstoßbullen selbst 15 Minuten an dem von ihnen umgestoßenen Baum, dazu die anderen Bullen im Durchschnitt 30 Bullenminuten (1 Bulle 1 Minute, Tab. 20). An jedem umgestoßenen Baum äste im Mittel ein Bulle 45 Minuten. Tabelle 21 gibt die Maße einiger umgestoßener Bäume an.
In über 1000 Bullenbeobachtungsstunden (1 Bulle 1 h lang beobachtet) wurden weniger als 40 erfolgreiche Umstoß- bzw. Entwurzelungsaktionen beobachtet (Tab. 20); das ist ungefähr 1 Baum / 1 Bulle / 1 Tag. Für das gesamte Buschlandgebiet (etwa 500 Bullen auf 15 000 km²) ist das weniger als ein Baum auf 30 km² pro Tag, im Jahr etwa 12 Bäume pro km².
Für das Trockenzeitbullengebiet ergibt sich folgende Rechnung:
Auf einer Fläche von etwa 800 km² leben höchstens 5 Monate – 150 Tage – im Jahr ca. 100 Bullen, die täglich etwas weniger als einen Baum zerstören, das sind unter 15 000 Bäume im Jahr. Auf 1 km² des Gebiets stehen (weit) über 1000 Bäume (Zählung des SRI), das ganze Gebiet hat also etwa 1 000 000 Bäume. So zerstören die Bullen jährlich etwa 1,5 % des Baumbestandes.
Das ist, auf das gesamte Bullengebiet gesehen, keine gefährliche Rate und verursacht sicher keine Biotopänderung. Problematischer aber wird es, wenn die Elefanten Bäume in der Nähe der Touristengebiete umstoßen, Bäume, die nach dem Urteil der Nationalparkverwaltung einen besonderen ästhetischen Wert für den Tourismus haben und erhalten werden sollen. In diesem Falle müssen Gegenmaßnahmen ergriffen werden. Wenn es nicht gelingt, die Elefanten chemisch oder mechanisch aus diesen Gebieten fernzuhalten bzw. zu vertreiben, so kann Schießen im Nationalpark nötig werden. Diese Maßnahmen sollten aber gründlich erwogen und auf Grund nüchterner Analysen getroffen werden, nicht auf Grund emotionaler Ausbrüche angesichts einer von Elefanten umgelegten Baumgruppe.

Tabelle 21 Die Maße einiger Bäume, die von bestimmten Elefanten zerstört wurden.

Bulle Nr.	Altersklasse	Art	Höhe (m)	Umfang (cm)	Wurzelflächendurchm. (cm)	Wurzeln Länge (m)	Wurzeln Umfang (cm)	Bemerkungen
2	E d	Ficus sp.	11	180	250			mit 3 Schwüngen umgestoßen
46	E b	Albizia harveyi	10	120	150			mit 7 Schwüngen umgestoßen
94	D b	Albizia harveyi	8,5	49				mit 2 Schwüngen umgestoßen
94	D b	Commiphora trothae	5,5	60				aus der Erde gerissen
94	D b	Acacia xanthophloea	6,5	45				mit Vorderlauf umgetreten
26	E a	Acacia xanthophloea	7	50				mit Stoßzähnen niedergedrückt
68	C a	Acacia gerrardi	9	72				umgestoßen
18	C d	Acacia tortilis	3	124 + 114 + 88*)		3 4	41 33	umgestoßen *) Baum gabelt sich kurz über Boden in 3 Stämme, lange, dicke einzelne Wurzeln

6. Geräusche

Abreißende Äste oder Rinde und brechende Stämme kann man kilometerweit hören, ebenso das Lust und Übermut, Wut und Angst in vielen Differenzierungen ausdrückende Trompeten und Kreischen. Auch das dumpfe »Kollern« trägt sehr weit. Früher wurde es als Magengeräusch beschrieben, ist aber eine willkürliche Stimmgebung (Buss 1962) und dient offensichtlich als Ruf und Antwort (»hier bin ich, wo bist du?«) der sozialen Kontaktaufnahme. Man begegnet einzelnen Bullen, die in Abständen kollernd durchs Gelände ziehen. Gleich nach jedem Kollern bleiben sie bewegungslos stehen und scheinen auf Antwort zu warten. Das Geräusch ist in der Entfernung mit Gewittergrollen oder mit Motorengeräusch zu verwechseln.
Einmal muß diese Verwechslung auch einem Bullen unterlaufen sein: ich fuhr mit dem Toyota-Geländewagen gegen starken Wind auf etwa 100 m an einige Bullen heran und stellte den Motor ab. Ein Bulle drehte sich zu mir hin und kollerte; als er keine Antwort bekam, kam er 20 m näher, kollerte wieder usw. Als er auf etwa 40 m heran war, ließ ich den Motor wieder an, und er ging hochflüchtig ab.

Es gibt Verdauungsgeräusche, die dem Kollern ähneln und die möglicherweise zur Deutung des Kollerns als Magengeräusch führten.
Eine andere Stimmgebung ist ebenfalls manchen Verdauungsgeräuschen sehr ähnlich: ein leises, blasendes Gurgeln, das als Warnung dient. Wenn ein alter Elefant bläst, wird die ganze Gruppe flüchtig.
Den lauten Atem- und Schnarchgeräuschen sowie den beim Trinken, Baden und Scheuern entstehenden Geräuschen scheint keine besondere soziale Bedeutung zuzukommen; sie können wohl Tätigkeiten synchronisieren und ver-

Tabelle 22 Erzeugung und Funktion von Geräuschen bei Elefanten.

Erzeugung und Funktion	Art des Geräusches																
	1	2	3	4	5	6	7	8	9	10	11	12	13	14	15	16	17
wird erzeugt																	
mit Stimmbändern	+	+	+	+	+												
mit anderen Körperteilen und an Fremdkörpern						+	+	+	+	+	+	+	+	+	+	+	+
wird ausgeführt																	
unwillkürlich						+		+	+	+	+	+	+	+	+	+	+
willkürlich	+	+	+	+	+	+	+	+	+								
bei Beunruhigung	+																
Angst			+	+	+												
Ärger, Wut			+	+	+		+										
Wohlbefinden			+	+					+	(+)	(+)	(+)		(+)	(+)		
Übermut, Lust			+	+			+										
steckt an, synchronisiert		+	+	+	+					+	+	+		+	+		
beruhigt						+		+	+	+	+	+		+	+		
beunruhigt	+			+	+		+										
ruft herbei		+															
macht flüchtig	+															+	
hat keine besondere soziale Funktion						+		+	+	+	+	+	+	+	+		+
hat eine besondere soziale Funktion	+	+	+	+	+		+									+	
Warnen vor Gefahr	+																
Kontaktaufnahme (Ruf und Antwort)		+															
Einschüchterungsversuch (ängstlich)				+	+												
ruhiges Drohen							+										

Erläuterung zu Tabelle 22:

1 = Gurgeln, Blasen
2 = Kollern
3 = Trompeten
4 = Kreischen
5 = Schreien
6 = Ohren klappen
7 = Ohren knallend aufstellen
8 = Rüssel ausschlagen
9 = Dröhnen, Schnauben
10 = Atmen, Schnarchen
11 = Verdauungsgeräusche
12 = Ausscheidungsgeräusche
13 = Stoßzahnklappern
14 = Scheuergeräusche
15 = Badegeräusche
16 = Ästebrechen
17 = Rindenreißen

mitteln die Information, daß sich die Urheber der Geräusche sicher fühlen – ein plötzliches Aussetzen dieser Geräusche wirkt als Warnung.
Auf die besondere Bedeutung des Knalls eines brechenden Stammes wurde unter Abschn. D III d 5 eingegangen. Die Ohren mit einem Knall aufzustellen, kann als Überlegenheitsbehauptung auftreten (s. S. 123).
In Tab. 22 sind die verschiedenen Geräusche, die von Elefanten verursacht werden, zusammengestellt. Es wird in ihr versucht, die Umstände, in denen die Geräusche auftreten und die Wirkungen, die sie auf die anderen Elefanten haben können, zu kennzeichnen.

7. Orientieren und Reaktionen auf andere Tiere

Elefanten sind in allen Biotopen die dominanten Tiere. Vor einem erregten Elefanten flüchtet alles. Das heißt aber nicht, daß ein erregtes Nashorn, Flußpferd oder gar ein Büffel eine Elefantengruppe nicht verjagen könnte.
Große Raubtiere können Jungtieren gefährlich werden. Wohl deshalb greifen Elefanten Löwen, Leoparden, Hyänen häufig (wie den Menschen) an: sie rennen ihnen mit aufgestellten Ohren und herabhängendem Rüssel in gerader Linie nach, wenn es ernst gemeint ist (vgl. Abb. 19); wenn nicht, wird die Verfolgung immer wieder von seitlichen Wendungen mit Kopfschütteln und

Abb. 18 Sichernder Bulle. (M18, vor Galeriewald des Seronera)

Rüsselschwenken unterbrochen. Mit Huftieren (Giraffe, Büffel, Wasserbock) äsen die Elefanten nahe zusammen; sie reagieren auf die Warnlaute der kleineren Arten (Riedbock, Dikdik, Klippspringer) und auf das dröhnende Abgaloppieren der schwereren. Die großen Konzentrationen der Herdentiere (Zebra, Gnu, Büffel) meiden sie. Wenn sie durch Zufall (auf der Flucht) in eine solche geraten, laufen sie hilflos trompetend in den Massen, über die sie hoch hinausragen, hin und her, vielleicht eine Zeitlang mit der Herde, bis es ihnen gelingt, auszubrechen.

Vom Menschen wurden die Elefanten Jahrtausende mit Gruben, Giftpfeilen und Feuer gejagt. Nichts kann einem Elefanten soviel Angst einflößen wie Menschengeruch. Es ist erstaunlich, mit welcher Vorsicht sich Elefanten auch in Gebieten bewegen, die seit zehn Jahren Nationalpark und deshalb ziemlich sicher sind.

Kühe halten zum Sichern die Rüssel hoch in die Luft (Abb. 3) und drehen deren Spitzen in die Windrichtung, die Bullen dagegen sichern meist mit herunterhängendem Rüssel (Abb. 18): das Rüsselende dreht sich in Sträuchern oder am Boden – häufig für den Beobachter unsichtbar – in den Wind.

Einmal beobachtete ich einen Bullen, der etwas Wind bekommen hatte und – den Rüssel im Geäst eines Baumes – windete und dazwischen immer wieder »so tat«, als ob er äse: die Finger griffen an Ästen herum, faßten sie aber nicht und führten nichts zum Maul. Es ist erstaunlich, wie Tiere, die selbst kaum

Abb. 19 Angreifender Bulle. a M26 sichert

Abb. 19b demonstriert

c droht

d greift an
(6. 9. 1968 in der Dornbuschsavanne; beachte die deutlich gekennzeichneten Ohrränder, vgl. Abb. 2, und die abgebrochene Spitze des rechten Stoßzahns)

sehen können, in ihrem Instinktverhalten auf die optischen Fähigkeiten anderer reagieren. Bei herankommendem Motorengeräusch »drücken« sich einzelne, das Geräusch gewohnte Bullen, indem sie Kopf bis Schulter in dichtes Gebüsch halten (Abb. 20).
Elefanten versuchen nie, olfaktorische Informationen durch optische zu ergänzen, wie es alle anderen Huftiere tun, d. h. sie verändern ihre Körperstellung nicht. Während alle anderen Huftiere durch eine Körperwendung meist sofort erkennen lassen, daß sie etwas wahrgenommen haben, ist dies beim Elefanten häufig nicht festzustellen; Flucht oder Angriff können daher »plötzlich« erfolgen.
Die Bewegungskoordination, mit der Staub, Wasser oder Schlamm beim Baden (s. o.) gegen den Körper geworfen oder geblasen werden, wird abgewandelt dazu benutzt, um »auf den Busch zu klopfen«. Wenn ein Elefant sich nicht klar darüber ist, was er vor sich hat, wirft er Staub, auch Äste, Schlamm und Wasser, kurz alles Erreichbare, in die verdächtige Richtung:
Einmal stand ich 30 m unter einem Elefanten in der Uferböschung. Er hatte etwas gehört, stand und sicherte. Da der Wind kräftig aus seiner Richtung blies, konnte er mich, solange ich mich nicht bewegte, nicht wahrnehmen. Er begann, Erde mit Steinen vermischt, nach mir zu werfen. Ich war versucht, auszuweichen, fürchtete dann aber, in der Bewegung von ihm gesehen zu werden. Nach einiger Zeit hörte er beruhigt auf und äste weiter.

Abb. 20 M26 sichert (a) und »versteckt« sich dann (b). (6. 9. 1968)

b

Aus diesem Verhalten entstand wahrscheinlich das als »Begraben« häufig beschriebene (vgl. Kühme 1963) Zudecken von ungewohnten Gegenständen mit Erde und Ästen.

Beobachtet man Elefanten im Gelände, so rufen zwei Dinge immer wieder Verwunderung hervor: einmal die lässige Sicherheit, mit der die Tiere das Gelände beherrschen und zum anderen die reibungslose Koordination in den Gruppen. Das erstaunliche dabei ist, daß bei beiden die optische Orientierung fast keine Rolle spielt.

Normalerweise benutzt der erwachsene Elefant seine schwachen Augen nicht; mit herunterhängenden Lidern zieht er von weitem auf einen bestimmten Baum zu, bleibt genau unter einem Ast stehen, greift hoch und reißt einen Zweig ab. Ebenso klettert er in felsige Hänge oder durchquert eine Furt. Bei Kontrollabschüssen fand man blinde Leitkühe (Parker, mdl. Mitt.). Mit geschlossenen Augen benutzen die Elefanten die gleichen Wechsel und Furten wie in der vergangenen Trockenzeit – Wechsel, die in den letzten acht Monaten kein Elefant beging.

Die Koordination in der Gruppe ist nicht weniger erstaunlich: Elefanten reagieren auf Handlungen ihres Leitbullen, den sie allem Anschein nach weder sehen, hören noch riechen können.

Einmal äste ein Leitbulle langsam von einer am Korongo äsenden Gruppe weg, die ich mit schrägem Wind beobachtete (s. Abb. 21). Als er in etwa 100 m Entfernung von den anderen meinen Wind bekam, reagierte er durch eine Körperwendung vom Korongo weg. Ich konnte dabei kein Geräusch wahrnehmen, und der Wind blies von den anderen Elefanten zu ihm, aber fast gleichzeitig mit seiner Wendung hörten die Elefanten auf zu äsen, wendeten ebenfalls und zogen in die gleiche Richtung wie er, zuerst in breiter Front, dann formten sie eine geschlossene Gruppe.

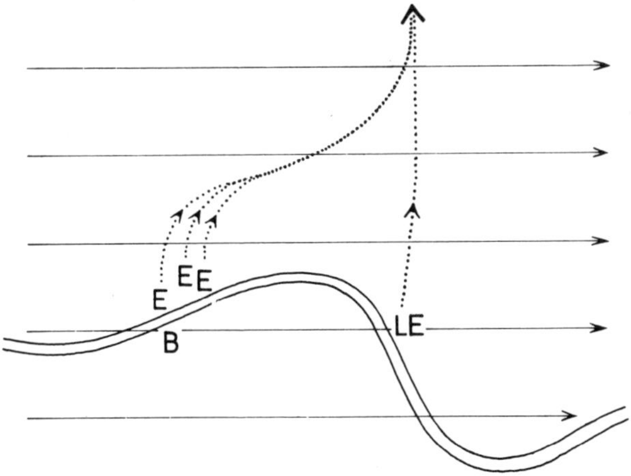

Abb. 21 Skizze zur Orientierungsfähigkeit der Elefanten. (≈: Korongo, B: Beobachter, ⟶ : Windrichtung, E: Elefant, LE: Leit- und α-Bulle, ···> : Fluchtwege der Elefanten; 6. 11. 1967)

E. Zusammenfassung

1. Die soziale Organisation und das Verhalten der Elefanten in der offenen Dornbuschsavanne westlich und nördlich der Serengetisteppe im Nordwesten Tanzanias, Ostafrika, wurden von Februar 1967 bis Mai 1969 untersucht.
2. Die Elefanten wurden meist vom Geländewagen aus ausgemacht und dann zu Fuß, ihnen unter Wind folgend, beobachtet.
Die beobachteten Tiere wurden, hauptsächlich nach der Schulterhöhe, in 9 Altersklassen (Tab. 2) eingeteilt.
Elefanten sind vor allem durch die Verletzungen der Ohrränder natürlich markiert. Am Ende der Beobachtungszeit wurden 180 individuell bekannte Bullen und ca. 100 Kühe (teilweise mit Nachkommen) in Karteien geführt.
3. Auf Luftaufnahmen des SRI von der Elefantenzählung 1967 wurden die Tiere in 5 Altersklassen eingeteilt und danach die Altersstruktur der Population grob geschätzt; eine genauere Analyse wird z. Z. am SRI von H. Croze durchgeführt.
4. Die Kühe und Jungtiere leben in ständig zusammenhaltenden »Kuheinheiten« aus 2 (selten 1 oder 3) Kühen mit ihrem Nachwuchs, zusammen 10 bis 20 Tiere.
Beim Ziehen gehen die Tiere der Einheit hintereinander, eine der alten Kühe als erste, die andere als letzte.
5. In der *Trockenzeit* stehen die Kuheinheiten einzeln oder in »Einheitengruppen« aus einigen verwandten Kuheinheiten, zusammen (20–) 30 bis 60 (–80) Tiere, in ihren Trockenzeitstandortgebieten. (Zeitweise gesellen sich einige adulte Bullen dazu.) Das Mittel aller in der Trockenzeit beobachteten Elefantengruppen lag bei 30 Tieren.
In der *Regenzeit* schließen sich die Kuheinheiten und die Einheitengruppen einer (Sub-)Population zu großen Konzentrationen von bis zu 1000 Tieren zusammen und begeben sich auf Wanderungen durch das Regenzeitstreifgebiet, das sich an das Trockenzeitstandortgebiet anschließt, etwa 50 km gegen dieses verschoben. Die mittlere Gruppenstärke betrug in der

Regenzeit 280 Tiere. (Am Rande der Konzentrationen ziehen einzelne adulte Bullen und Bullengruppen mit.)

6. Die Verteilung der Elefanten in der Trocken- und Regenzeit weist darauf hin, daß es sich um 2 Populationen handelt. Die nördliche Population scheint ihr Gebiet seit Jahrzehnten in ähnlicher Weise zu benutzen, während die südliche Population die Nordgrenze ihres Gebietes in den letzten Jahren nach Norden zu verschieben scheint. Der Bullenverband (s. u.) benutzt sein Trockenzeitstreifgebiet möglicherweise erst seit 15 Jahren.
7. Herangewachsene Bullen verlassen die Kuheinheit und ziehen mit älteren Bullen, unabhängig von den Kuheinheiten. In der Regenzeit halten sie sich in und bei den Konzentrationen auf, danach suchen sie eigene Bullengebiete auf, in denen sie die Monate der Trockenzeit getrennt von den Kühen und dem Nachwuchs verbringen.
8. Der Bullenverband eines solchen Gebietes wurde genauer untersucht, 115 der etwa 150 Bullen des ca. 800 km^2 großen Gebietes sind individuell bekannt.
9. In lockeren Gruppen von bis zu 20 Tieren, deren Zusammensetzung sich ständig ändert, durchstreifen sie das Gebiet. Tagesperiodik und Verhalten werden beschrieben.
10. In jeder Gruppe, in der er gerade zieht, und im ganzen Verband befindet sich ein jeder Bulle in einer Rang-, einer Temperament- und einer Assoziationsordnung. Es mag noch eine Reihe anderer derartiger Systeme geben, aber nur diese wurden für jeden Bullen registriert. Durch seinen Ort in jedem dieser miteinander korrelierten Systeme ist jeder Bulle individuell gekennzeichnet. Die individuelle Kennzeichnung durch Temperamenteigenarten erscheint, ebenso wie die durch morphologische Merkmale, als eine individuelle Kombination aus allgemeinen, der Art bzw. Population zukommenden angeborenen und erworbenen Strukturen.
11. Für einige Bullen wurden Temperamenteigenschaften intuitiv und quantitativ bestimmt.
12. Es wird darauf hingewiesen, wie ein Bulle unterschiedliche individuelle Erfahrungen macht, je nachdem mit welchen sozialen Gegebenheiten er heranwächst.
13. In den Bullengruppen gibt es verschiedene Rollen, die nur von bestimmten Bullen wahrgenommen werden. Anlage und Erfahrung und die daraus entstandenen Fähigkeiten und seine Stellung in den obigen Systemen bestimmen, welche Rolle ein Bulle ausführen kann. Die spezielle Situation in der Gruppe, in der er sich gerade befindet, bestimmt, welche Rolle er ausführt.
14. Die Rolle der Baumstoßbullen in der Gruppe und ihre Bedeutung für das Biotop werden ausführlich behandelt.
15. Der Einfluß der Elefanten auf ihr Biotop in Ostafrika wird diskutiert.

Summary

1. The sozial organization and some behaviour patterns of the elephants in the thornbush savannah country north and west of the Serengeti Plains in northwestern Tanzania, East Africa, were studied from February 1967 until May 1969.
2. The elephants were usually spotted from or tracked down with a landrover and then – wind permitting – followed by foot. Their behaviour was recorded continously. Greater movements were in some cases followed by plane.
3. In the study area the elephants live in lower density (table 1) and are less used to man than in other tourist areas of East Africa.
   The disadvantages rareness and shyness mean for observation are balanced by the fact that the animals in the study area live relatively naturally and still show structures, such as social grouping and seasonal movement which cannot be observed any more in other areas in which elephants are more numerous and less shy.
4. By comparison of their size mainly the elephants observed were divided into 9 age classes (table 2).
   On aerial photographs made by SRI in 1967 the elephants were divided into 5 age classes and the age structure roughly estimated (table 7). This is studied in more detail at SRI now by H. Croze.
5. Elephants are marked naturally by many small or larger cuts in their ears. At the end of the study 180 bulls and about 100 cows – some with their offspring – were known individually.
6. From the distribution and regular movements in the dry and rainy season (figure 8) it is concluded that two distinct elephant populations use the area of the Serengeti National Park (table 5, 6).
   The *northern population* spends the dry season in the Mara region north of the Grumeti River and ranges south in the rainy season to the Orangi River.
   References found in the literature since 1880 show, that this population always used this area and has not moved in in recent years as assumed by Lamprey et al. 1967 and Russel 1968. If the population has grown in recent years to its present size of about 2000 animals is not known. It did not grow in the last four years.

The *southern population* of about 1000 animals on the other hand seems to be extending its dry season range northwards. Some units – together about 100 animals – now spend the dry season at the Orangi River, where there were no elephants some five years ago (Bell, pers. comm.). In the rainy season these elephants move back south and stay south of the Mbalageti River.

7. The basic social unit of the elephant populations in the study area is – as in Uganda (Buss and Smith 1966) – the family unit. It consists mostly of 2 (1 to 3 or 4) old cows with their offspring, together (4–) 10–20 (–25) animals, which stay together all the year round. There are no adult bulls associated with the family unit. One of the old cows takes the lead and the other brings up the rear; a possible third cow moves in the centre of the unit moving in long file.

   In the *dry* season these units mostly live on their own or associate temporarily with one to five other units and form »unit groups« of (20–) 30–60 (–80) animals, mean: 30 animals.

   In the *rainy* season on the other hand they can aggregate into big concentrations of several 100 (up to 1000), mean 280 animals, in which they may move away from the dry season range. (Adult bulls and bull groups may move at the edges of the concentrations.)

8. Bulls leave – when they mature – the family units and join bachelor groups. From then on they are never again permanently associated with a family unit. In the rainy season they live singly or in small groups of up to 20 in the same area as the cows, often on the outskirts of the big concentrations. At the beginning of the dry season when the concentrations split up, most of the bulls leave the area which the family units move to and spend the dry season in separate bull areas.

9. The bulls in one of these dry season areas were studied intensively. In the late fifties, some years before the southern population began in the mid sixties to extend its dry season range northwards (s. a.), some bulls of this population began to use the Banagi-Seronera area in the dry season (Turner, pers. comm.). In 1967, 1968 this area of about 800 km² (figure 9) was used in the dry season by about 150 bulls, of which 115 are known individually.

   In groups of up to 20 animals constantly changing in composition they move through the area and feed mainly on shrubs and trees. Their pushing over of trees near the Seronera Lodge causes an elephant problem in the Serengeti National Park (s. b.).

   The behaviour and daily activity patterns are briefly described.

10. Each one of these bulls is distinctly different from any other. While it is impossible to analyse the different experiences (born with different constitutions – grown up in different sized family units – brought up by

different aged and ranked mothers, etc.) which made an individual how he is today, one can try to locate his position in some of the many social systems which can be observed in the group, for example his place in the rankorder, in a temperament scale, his association with other bulls, and his liking and ability to perform certain roles in the group.

11. Roles that can be observed include:
α-animal, ω-animal, leading animal, stabilizing animal, tree pushing animal, animals running before and behind the group, front-animal, and end-animal.
Some of the roles can be performed by the same animal at one time (for example α- and leading and end-animal) and by different animals for each role at another time. A leading bull may be the α-animal or not, he may lead moving in front or from the rear, etc.

12. For the 25 best known bulls rank, association, temperamental disposition, and role affinities were determined (table 12, 13).
The rank of each bull was determined by recording dominance and submissive actions. Association- and rolepreferences were directly recorded. For temperamental disposition each bull was intuitively located on a scale: »with initiative – without initiative, dependent – independent, sociable – unsociable, quiet – excited, peaceful – aggressive, fearless – fearful«, then for some of the scale parameters indices were formed quantitatively from the abundance of occurrances of certain behaviour patterns, i. e. leading and solitary, moving for independence, etc.
That for comparable scales the intuitive and the quantitative localisation coincide (table 14) may indicate that the intuitive judgement for scale parameters not quantitatively checked may be more or less correct, too.

13. One role was studied specially because of its effect on the vegetation: the pushing over of trees.
Even as calves they rub their fronts against tree trunks and – when older – start to make the trunk swing. Eventually they learn that they can break the tree trunks. (Some bulls were watched to break a tree accidently by rubbing against it behind the ears.)
The noise of the breaking branch or tree calls already calves to their mothers to feed on the branches.
If a bull breaks a tree most of the other bulls come to join in feeding from the tree. (If they are higher ranked animals than the one who pushed over the tree, they may chase him away.) Not every bull pushes over trees. Some try it over and over again and do not succeed, others never try. Some bulls get very adept at pushing over trees. They make the tree swing by pushing with the base of the trunk from different sides and then choose one side for the final push with the lower or the upper base of the trunk. These bulls who regularly push over trees seem to realize that the

breaking noise of the tree trunk makes the other bulls come eagerly towards the noise and they seem to enjoy it.

14. The elephant damage is heaviest in the Serengeti National Park in the dry season bull area. Per bull about one tree is killed daily. There are about 100 bulls 150 days of the year in the area, that is 15 000 trees are pushed over per year. One km^2 of the area has (far) more than 1000 trees, so the dry season bull area about 1 000 000 trees. The bulls therefore kill ca. 1,5% of the trees every year. This is of the same order of size as the damage done by elephants in other parts of the park and not serious from the ecological point of view. But it could mean a serious aesthetical damage if the trees attacked by the elephants stand near the lodge or at other places whose scenic beauty according to the NP's administration is to be preserved for tourists. In such a case a management decision to drive away the elephants, may have to be taken, even if this should mean shooting in a National Park if no other methods (chemical or mechanical) can be found.

    Decisions like this should be based on sober assessments of the aesthetical value and the damage being done, not on emotions caused by battlefield like views when elephants have pushed over some trees. Ecological and aesthetical damages should not be mixed up. In the Seronera area there was in my opinion so far no reason – neither ecologically nor aesthetically – for control shooting, not to speak of the rest of the park with less damage and of less touristic importance.

F. Literatur

Agnew, A. D. Q. (1968): Observations on the changing vegetation of Tsavo National Park (East). E. Afr. Wildl. J. *6*, 75–80.

Anderson, G. D., und L. M. Talbot (1965): Soil factors affecting the distributions of the grassland types and their utilization by wild animals on the Serengeti plains, Tanganyika. J. Ecol. *53*, 33–56.

Ansell, W. F. H. (1967): *Proboscidea*; in: Preliminary Identification Manual for African Mammals, hrsg. v. J. Meester. Smithsonian Institution, U. S. Nat. Mus., Washington D. C. 20560.

Aristoteles: Tierkunde, hrsg. und übers. v. P. Gohlke. Paderborn 1949 (Ferdinand Schöningh).

Baumann, O. (1894): Durch Massailand zur Nilquelle. Reisen und Forschungen der Massai-Expedition des deutschen Antisklaverei-Komitee in den Jahren 1891 bis 1893. Berlin (Reimer).

Bell, W. D. M. (1960): (Karamojo Bell) Bell of Africa. London (Neville Spearman & The Holland Press).

Bere, R. (1966): The African Elephant. London (Arthur Barker) und New York (Golden Press).

Brooks, A., und I. O. Buss (1962): Trend in Tusk Size of the Uganda Elephant. Mammalia *26*, 10–34.

Buechner, H. K., und H. C. Dawkins (1961): Vegetation change induced by elephants and fire in Murchison Falls National Park, Uganda. Ecology, *42* (4), 742–766.

Buechner, H. K., I. O. Buss, W. M. Longhurst und A. C. Brooks (1963): Numbers and migration of elephants in Murchison Falls National Park, Uganda. J. Wildl. Mgmt. *27* (1), 36–53.

Buss, I. O. (1961): Some observations on food habits and behavior of the African elephant. J. Wildl. Mgmt. *25* (2), 131–148.

Buss, I. O. (1962), in: Wildlife and Sport, zitiert in Cave, A. J. E.: Vocal communication in the elephant, in: Wildlife and Sport, 1963, *3* (3), 15–19.

Buss, I. O., und A. C. Brooks (1961): Observations on number, mortality, and reproduction in the African elephant. Proc. IUCN, Arusha, Tanganyika, Sept. 1961.

Buss, I. O., und J. M. Savidge (1966): Change in Population Number and Reproductive Rate of Elephants in Uganda. J. Wildl. Mgmt. *30* (4), 791–809.

Buss, I. O., und N. S. Smith (1966): Observations on reproduction and breeding behavior of the African elephant. J. Wildl. Mgmt. *30* (2), 375–388.

Buss, I. O., und O. W. Johnson (1967): Relationships of Leydig Cell Characteristics

and Intratesticular Testosterone Levels to Sexual Activity in the African Elephant. Anat. Rec. *157* (2), 191–196.
Carrington, R. (1958): Elephants. A Short Account of their Natural History, Evolution and Influence on Mankind. London (Chatto & Windus).
Cummings, R. G. (1904): Five years' adventures in the far interior of South Africa with notices of the native tribes and savage animals. London (John Murray).
Dougall, H. W. (1963): On the chemical composition of elephant faeces. E. Afr. Wildl. J. *1*, 123.
Dougall, H. W., V. M. Drysdale und P. E. Glover (1964): The chemical composition of Kenya browse and pasture herbage. E. Afr. Wildl. J. *2*, 86–121.
Dougall, H. W., und D. L. W. Sheldrick (1964): The chemical composition of a day's diet of an elephant. E. Afr. Wildl. J. *2*, 51–59.
Dugmore, A. R. (1925): The Wonderland of Big Game. – Being an account of two trips through Tanganyika and Kenya. London (Arrowsmith).
Farler, J. P. (1882): Native Routes in East Africa from Pangani to the Masai Country and the Victoria Nyanja. Proc. Royal Geo. Soc., N. S. *4*, 730 ff.
Fischer, G. A. (1885): Das Massai-Land (Ost-Aequatorial-Afrika). Bericht über die im Auftrage der Geographischen Gesellschaft in Hamburg ausgeführte Reise von Pangani bis zum Naiwascha-See. Hamburg (L. Friedrichsen & Co.).
Fosbrooke, H. A. (1968): Elephants in the Serengeti National Park: an early record. E. Afr. Wildl. J. *6*, 150–152.
Glover, J. (1963): The elephant problem at Tsavo. E. Afr. Wildl. J. *1*, 30–39.
Greenway, P. J. (1966): A Check list of the Plants recorded in the Serengeti National Park Tanzania. (maschinengeschriebenes Manuskript, SRI).
Grzimek, M., und B. Grzimek (1960): A study of the Game of the Serengeti Plains. Z. Säugetierk. *25*, Sonderheft, 1–61.
Hendrichs, H. (1970): Schätzungen der Huftierbiomasse in der Dornbuschsavanne nördlich und westlich der Serengetisteppe in Ostafrika nach einem neuen Verfahren und Bemerkungen zur Biomasse der anderen pflanzenfressenden Tierarten. Säugetierkdl. Mitt. *18*, 237–255.
Jaeger, F. (1911): Das Hochland der Riesenkrater und die umliegenden Hochländer Deutsch-Ostafrikas. Ergebnisse einer amtlichen Forschungsreise ins abflußlose Gebiet des nördlichen Deutsch-Ostafrikas 1906/07. Berlin.
Johnson, O. W. (1963): Histological and quantitative characteristics of the testes, observations on the teeth and pituitary gland, and the possibility of reproductive cyclicity in the African elephant (*Loxodonta africana*). Diss. Washington State Univ., Pullmann.
Johnson, O. W., und I. O. Buss (1967): Molariform teeth of male African elephants in relation to age, body dimensions ond growth. J. Mamm, *46*, 373–384.
– (1965): The Testis of the African Elephant (*Loxodonta africana*). I. Histological Features. J. Reprod. Fert. *13*, 11–21.
– (1967): The Testis of the African Elephant (*Loxodonta africana*). II. Development, Puberty and Weight. J. Reprod. Fert. *13*, 23–30.
Jordan, J. A. (1958): Mongaso, man who is always moving. The story of an African Hunter as told to J. Prebble. Beacon Books London (Odhams Press).
Kittenberger, K. (1929): Big Game Hunting and Collecting in East Afrika 1903–1926. London (Edward Arnold).
Krumrey, W. A., und I. O. Buss (1968): Age estimation, growth, and relationships between body dimensions of the female African elephant. J. Mamm. *49* (1), 22–31.
Kühme, W. (1960): Die Afrikanischen Elefanten des Georg-von-Opel-Freigeheges. G. v. Opel-Freigehege Jahrbuch 1960/61, *3*, 17–29.

– (1961): Beobachtungen am afrikanischen Elefanten (*Loxodonta africana* Blumenbach 1797) in Gefangenschaft. Z. Tierpsychol. *18*, 285–296.
– (1963): Ergänzende Beobachtungen an afrikanischen Elefanten (*Loxodonta africana* Blumenbach 1797) im Freigehege. Z. Tierpsychol. *20*, 66–79.
Lamprey, H. F. (1963): Ecological separation of the large mammal species in the Tarangire Game Reserve, Tanganyika. E. Afr. Wild. J. *1*, 63–92.
Lamprey, H. F., P. E. Glover, M. I. M. Turner und R. H. V. Bell (1967): Invasion of the Serengeti National Park by elephants. E. Afr. Widl. J. *5*, 151–166.
Laws, R. M. (1966): Age criteria for the African elephant, *Loxodonta a. africana*. E. Afr. Wildl. J. *4*, 1–37.
– (1967): Eye lens weight and age in African elephants. E. Afr. Wildl. J. *5*, 46–52.
– (1968): Occurrence of Placental Scars in the Uterus of the African Elephant (*Loxodonta africana*). J. Reprod. Fert. *14*, 445–449.
Laws, R. M., und I. S. C. Parker (1968): Recent studies on elephant populations in East Africa. Symp. Zool. Soc. London, *21*, 319–359.
Melland, F. (1938): Elephants in Afrika. London–New York.
Napier-Bax, P., und D. L. W. Sheldrick (1963): Some preliminary observations on the food of elephant in the Tsavo Royal National Park (East) of Kenya. E. Afr. Wildl. J. *1*, 40–53.
Nicholson, B. D. (1955): The African Elephant. African Wild Life 9, 31–40.
Pearsall, W. H. (1957): Report on an ecological survey of the Serengeti National Park, Tanganyika. Oryx, *4*, 71–136.
Perry, J. S. (1953): The reproduction of the African elephant *Loxodonta africana*. Phil. Trans. R. Soc. Ser. B. *237* (643), 93–149.
Petrides, G. A., und W. G. Swank (1966): Estimating the Productivity and Energy Relations of an African Elephant Population. Int. Grassld. Congr., *9*, 831–842.
Rees, A. F. (1963): Some notes on elephants and their feeding habits. Tanganyika Notes *61*, 205–208.
Roth, H. H., und B. Austen (1966): Twin calves in elephants. Säugetierk. Mitt. *14*, 342–345.
Russell, E. W. (ca. 1968): Management policy in the National Parks. Tanzania National Parks, Arusha, Tanzania.
Sanderson, I. T. (1966): Dynastie der Abu. Aus dem Engl. übers. u. ergänzt v. C. A. W. Guggisberg. Bern u. Stuttgart (Hallwag).
Schillings, C. G. (1905): Mit Blitzlicht und Büchse. Leipzig (Voigtländer).
Short, R. V. (1966): Oestrous behaviour, ovulation and the formation of the corpus luteum in the African elephant, *Loxodonta africana*. E. Afr. Wildl. J. *4*, 56–68.
Short, R. V., und I. O. Buss (1965): Biochemical and histological observations on the corpora lutea of the African elephant, *Loxodonta africana*. J. Reprod. Fert. *9*, 61–67.
Sikes, Sylvia K. (1967): The African elephant, *Loxodonta africana*: a field method fort the estimation of age. J. Zool. London *154*, 235–248.
Simpson, G. G. (1945): The Principles of Classification and a Classification of Mammals. Bull. Am. Mus. Nat. Hist. *85*, New York.
Stewart, D. R. M., und J. Stewart (1963): The Distribution of Some Large Mammals in Kenya. J. E. Afr. Nat. Hist. Soc. *24*, (3), 1–52.
Swynnerton, G. H. (1958): Fauna of the Serengeti National Park. Mammalia *22*, 435–450.
Talbot, L. M. (1956): Report on the Serengeti National Park, Tanganyika. Internat. Union for Protection of Nature, Brüssel, und Nat. Parks Assoc., Washington D. C.
Talbot, L. M., und D. R. M. Stewart (1964): First Wildlife Census of the entire

Serengeti-Mara Region, East Africa. J. Wildl. Mgmt. *28* (4), 815–827.
Tanganyika National Parks, Report & Accounts of the Board of Trustees for the Period 1st July 1961 – 30th June 1962.
Thenius, E., und H. Hofer (1960): Stammesgeschichte der Säugetiere. Berlin, Göttingen, Heidelberg (Springer)
Turner, M. I. M. (1966): Elephant in the Serengeti National Park. (Photokopie eines maschinengeschriebenen Manuskripts, SRI)
Uterverius, J. C. (1639): De Elephanto. In: Ulyssis Aldrovandi, De quadrupedibus solidipedibus. Bologna (Nicolaus Theobaldinus), Kap. 9, 418–479.
Verheyen, R. (1954): Éléments pour une monographie étholcogique de l'Eléphant d'Afrique, *Loxodonta africana* (Blumenbach). Bull. Inst. Sci. Nat. Belg. *30* (43), 1–19.
– (1960): Sur la morphogenese et le remplacement des molaires chez l'èlèphant d'Afrique (*Loxodonta*). Bull. Inst. Sci. Nat. Belg. *36*, 1–19.
Wright, A. (1964): Mating habits of elephants. Afr. Wild Life *18*, 301.